智元微库
OPEN MIND

成 长 也 是 一 种 美 好

形象市值

如何高效获得
持续影响力

何伊凡 著

IMAGE VALUE

人民邮电出版社

北京

图书在版编目（CIP）数据

形象市值：如何高效获得持续影响力 / 何伊凡著
. -- 北京：人民邮电出版社，2019.4
ISBN 978-7-115-51015-0

Ⅰ．①形… Ⅱ．①何… Ⅲ．①企业形象－研究 Ⅳ.
①F272-05

中国版本图书馆CIP数据核字(2019)第053853号

◆ 著　　　　何伊凡
　　责任编辑　袁　璐
　　责任印制　周昇亮
◆ 人民邮电出版社出版发行　　　北京市丰台区成寿寺路 11 号
　　邮编 100164　　电子邮件 315@ptpress.com.cn
　　网址 http://www.ptpress.com.cn
　　天津翔远印刷有限公司印刷
◆ 开本：720×960　1/16
　　印张：14.5　　　　　　　　　2019 年 4 月第 1 版
　　字数：150 千字　　　　　　　2019 年 4 月天津第 1 次印刷

定　价：49.00 元

读者服务热线：（010）81055522　印装质量热线：（010）81055316
反盗版热线：（010）81055315

广告经营许可证：京东工商广登字 20170147 号

赞誉

企业家的风格影响企业的风格，企业家的形象也会影响企业的形象。作为一家全球化公司，联想集团一直很注重整体形象管理。管理好形象，是移动互联网时代与用户连接的最好方式。《形象市值》这本著作，值得一读。

联想集团董事长兼 CEO　杨元庆

形象，现在也叫人设。对企业家而言，形象如同空气和水一样，你平时感觉不到它的价值，但在关键的时候，它是矛也是盾，特别是在信息碎片化的时代，如何系统管理个人形象与企业形象，更是绕不过去的课题。

360 公司创始人、董事长兼任 CEO　周鸿祎

很多创业者并没有意识到，形象管理是一把手工程，CEO 并非一个独立个体，他们无法在管理自己的形象上偷懒，他们需要对自己的行为轨迹进行有意识的管理。

北京大学国家发展研究院 BiMBA 商学院院长　陈春花

形象，是企业家重要的社交货币，良好的形象来自有意识的管理，它可以有效降低创业路上的摩擦力。个人形象与公司形象应该捆绑还是分离？形象遭遇重击后如何降低伤害值？怎样高效建立自己的 IP ？这些重要课题在《形象市值》这本书中都有完整的呈现，向大家推荐。

知名财经作家，巴九灵新媒体、蓝狮子财经出版创始人　吴晓波

作者提出了一个颇具独创性的概念：形象市值管理，并且提供了相应的方法论。只要你对叙事在人类生活中的重要性稍有认识，就会明白好的形象对一个人来说，不只能够点石成金，甚至可以起死回生——当然反向也是成立的。问题的关键是，形象管理对企业家而言比普通人可能更为重要，毕竟，我们对一个企业的信心，不只来自企业自身的实力，也来自企业的领导者向外辐射的独特韵味，我们甚至靠这一点来判断，这家企业到底能够走多远。

北京大学新闻与传播学院教授、知名学者　胡　泳

序　Preface

重视企业家形象管理的价值洼地

　　与伊凡相识多年，他找我写序，不好拒绝，只能应承下来。我一直在创业一线打拼，并不擅长舞文弄墨，何况这还是一本写形象管理的书。熟悉我的朋友都知道，我并不喜欢出头露面，极少出席公众会议和论坛，让我谈形象管理，确实有点找错了对象。从创立神州租车到神州专车，再到投资瑞幸咖啡，我都站在自己合适的位置，做自己应该做的事情。形象管理，顾名思义，不就是在面对公众与媒体时管理自己的形象吗？用一个时髦的词来说就是装"人设"。我不喜欢"装"，但看了书稿之后，还是颇有惊喜。

　　原来这并非一本教企业家如何出名的书，而是讲如何像管理一个公司品牌一样管理个人形象。书开篇先谈到了形象管理中经常遇到的几个误区，指出形象管理"并不是要高调，并不是频繁地抛头露面"，认为"至少在 60% 的场景下，形象管理是要减少曝光度，同时让每一次展示既有效率，又有效果"，这与我的观点可以说不谋而合。

　　形象管理是企业家绕不过去的难题，不管你是否对这个话题感兴趣，它都会影响你的工作与生活。个人形象与企业形象又紧密相联，不善用形象管理，顺风顺水时就难以借力，遇到困境更容易授人以柄。特别是在这个信息碎片化、传播去中心化的时代，每位企业家都需要具备在两个战场搏杀的能力：一个是商业的战场，另一个就是形象的战场，两个战场同样凶险，而且会互相影响。

企业家这个群体，通常都有强烈的个人风格与所坚守的价值观，具备辨识度很高的形象——即使在同一领域，我相信自己和很多同行的形象也大不相同。企业家的形象管理并不等同于公关和品牌，它是影响创业者个人价值潜力释放的基础工作，是企业的"一把手工程"，管理好形象，既是对自己负责，也是对企业、对股东、对用户负责。

从我的实践来看，以神州优车为例，我认为我们这些年之所以能稳步发展，除了与我对行业的判断和对执行节奏的把握有重要关系外，也与我们团队稳扎稳打、务实低调的综合形象管理能力密不可分；再看瑞幸咖啡，能快速成长为"独角兽"，除了产品、运营、技术和商业模式等方面的支撑之外，钱治亚和团队的综合形象管理能力也起着重要作用。品牌的独特形象一旦建立并深入人心，就会成为用户消费清单中无法替代的标志，也将为企业发展营造友好的环境，成为助推企业发展的软实力。

形象管理如此重要，真正能领悟精髓的人却少之又少。创业者要懂管理、懂战略、懂财务、懂营销，要练成三头六臂，但很少有人能意识到，自己也要懂形象管理，而且这项职责无法由他人或一个部门完全替代。我身边每年也都有人在此方面付出非常昂贵的代价，如果能提前有所准备，是不是完全可以减少损失呢？

　　伊凡是知名财经媒体人，曾出任主流媒体总编辑，这令他有了更广阔的视角来看待企业家群体。近两年，他也投身创业，亲身体会其中的酸甜苦辣，也在微观上对企业家身份有了更深入的理解。这两种经历，通过他出色的文字演绎，成就了这部非常实用的作品。

　　本书案例丰富，部分案例还来自作者亲身经历，读来令人嗟叹：原来最聪明的一群人，在形象管理方面也可能犯如此低级的错误。但它又不单是案例的大集合，它的理论体系同样扎实严谨，读后令人知其然、又知其所以然。最有价值的是，这本书可以当作一本操作手册，小到如何接受采访，大到系统的危机管理，再到具体的企业家参加论坛、饭局等不同场景，读毕就能让你知道如何出招，如何进行形象管理的实战。

　　形象管理是一个不断迭代的课题，相信此书面市后，形象管理的价值洼地将被重新认知和重视，甚至成为企业管理的一个细分学科，形成完整、系统的理论与实践体系。

陆正耀

神州优车董事长兼 CEO，神州租车董事局主席

自序 Preface

有进取心的人都需要将形象视为一只股票

所有人都涌向一个方向，所有相机都指向一个方向，不用看就知道，主角出现了。他没有穿平时参加活动的标配套头衫，本来笔挺的西装套在他身上略显肥大，头发罕见地梳成三七分。他向人群挥手，微笑，转头与身边的软银集团董事长孙正义低语。

2014 年 9 月 19 日，阿里巴巴集团在纽交所上市，我有幸去观礼。当晚的庆祝宴会上，马云感叹：我们从没想到会走到今天，我们也没准备走到今天，我们也不应该走到今天。我们这些人的能力是被拉长的，就是我马云也没这个能力，没这个才，我们是被逼成这个样子的。

马云是如何走到今天的？当然是天赋、努力与无数机缘的共同作用，而我特别关注的是他的形象管理能力。当晚灯光摇曳，现场有数百人为马云欢呼，但我突然意识到一点：他永远是技巧高超的独白者，即使在他事业未获成功时见过他，你也很难忘记这个人。

什么是形象管理？它不仅关乎表达、仪态、气质、魅力、口碑，也并不单纯是流行的"人设"或 IP 打造，而是融合了以上全部要素后产生的个人市值管理能力。你不妨将一个人视为一只股票，只是这只股票 24 小时交易，没有涨停板也没有跌停板，其价值波动就取决于他的形象市值管理能力。换言之，形象市值管理能力是一个人最重要的无形资产，也是一个人形象价值创造、经营、实现以及溢价的方式，它决定了个人的发展潜力与长期竞争力。

在我的职业生涯中，我接触过数千位创业者、企业家，无数次"眼看他起高楼，眼看他楼塌了；眼看他楼又起，眼看他楼又塌"。如果探究楼起楼塌之中的最大公约数，形象市值管理可能扮演着关键角色。

我最早关注新能源产业，是在 2006 年—2008 年，彼时，新能源领域比互联网更受资本青睐，可谓风光无限。当年，资本对风力发电与光伏发电的热情，可与今天的区块链相媲美。随着一批公司密集上市，新能源领域的企业家身价暴增，多位跻身富豪榜前列，其中一位还做过首富，他最初的形象市值管理可谓成功，一度被称为"太阳神""光伏大帝"，获得众多名人赞扬，包括致力于全球气候变迁议题的诺贝尔和平奖得主、美国前副总统艾伯特·戈尔（Albert Gore）。他的半身像竖立在其所在城市的大街小巷，成为当地的财富英雄。但当我听到他对自己的形象定位是"科学家"而不是"企业家"、每年 1/3 的时间用于在全世界演讲时，就隐隐感觉到他已在外部为他塑造的形象中迷失了。2013 年，这家公司繁华落尽，他也从神坛跌落，公司被迫破产重组。

如果将这位企业家的形象视为一只股票，则可以看到，他经历了从股价一飞冲天到跌破发行价，直到 ST^① 的波动。表面看来，他的一系列战略失误导致了经营败局，形象坍塌是结果。任何一家上市公司都要在两个市场进行经营，第一个市场是产品市场，经营目标的核心是利润；第二个市场是资本市场，经营目标是市值。多数企业家更关注第一个市场，以为有了可持续增长的利润，股价自然会上涨，但实际上，第二个市场同样重要：市值高低也会影响利润与现金流。

假设一家上市公司一直踏踏实实地做实业，但它发现竞争对手通过市值管理，市盈率远远超过自己，反而以更低的金融成本融了更多的钱。如果竞争对手再用这些钱去做产业并购，或者投入技术改造，很有可能超越自己。良性的方式应该是建立产融结合的思维，进行产融互动，并能意识到，从企业核心竞争力与基业长青的角度看，市值是终极指标，利润只是过渡性指标。

这与形象市值管理的理念是相通的，形象与经营互为因果。形象市值是对经营结果的映射，对它进行管理至少能起到五方面的作用。

1. 收获低价流量：流量越来越贵而且难获取，如何自带流量，来为公司品牌赋能？

2. 清晰描述愿景：让内部追随，给外部信心。

3. 赢得资本青睐：投资投的都是人，如何在投资人眼中更值得信赖？

4. 应对关键时刻：每一个关键时刻你都可能大放异彩，也可能灰头土脸，如何在接受采访时、发布重要的新产品时、出席重要的会议时、IPO

---

① ST，指境内上市公司连续两年亏损，被进行特别处理的股票。——编者注

前夜，打赢每一场仗？

　　5.化解危机局势：危机无处不在，无时不在，如何渡过难关并扭转局面？

　　遗憾的是，形象市值如此重要，却一直被低估、误读，甚至处于关注盲区，它经常被公关策略或者品牌营销掩盖，而公关策略和品牌营销其实只是形象市值管理工具箱中的两种工具。广义的市值管理体系，应该把与市值相关的所有影响净利润和市盈率的重要因素都进行有效的管理。如果我们将一位企业家视为一只股票，形象市值管理就是把影响一个人价值潜力释放和价值呈现的重要因素都进行有效的管理。

　　刚刚过去的2018年对企业从业者而言，是风云变幻的一年，公司需要在复杂、多变的内外环境下进行结构调整转型。这一年，很多知名企业与企业家的形象市值损失惨重，有人出言不慎，有人行为不检，有人危机处理不当，有人在突然遇到攻击时不知所措，这些因素成了一些企业家形象坍塌的导火索，反而真正因为经营失败造成形象坍塌的倒不多。对企业家而言，是承受以亿计的形象市值损失，还是对形象市值做好管理？选择不言而喻。

　　在市值管理中，从长期来看，价格一定会回归价值，但由于非理性因素的存在，短期内价格会偏离价值这条线。这个偏离过程中做什么动作能体现市值管理水平？比如增发、换股并购、减持或增持等均可。同样，虽然从长期来看，每个人内在或外在的形象趋于稳定，但形象市值管理就是要在短期波动中有所行动，如宣传、包装、隐退或出击。

　　市值管理也是预期管理，与互联网经济伴生的是"亏损却有高估值"

的现象。在电商、团购、共享经济等不同赛道都出现过"烧钱大战",这是一个在终局之前难以判断其合理性的游戏。虽然 ofo 证明烧钱难以持续,但亚马逊和京东上市后也一直亏钱,烧钱烧到现在,规模和利润也都逐渐产生了,这体现了预言的自我实现功能:资本市场一直有信心,企业就能将承诺变为现实。

这就是形象市值管理最重要的目标之一:当别人看到一块砖时,创始人要看到一座教堂。但你如何让别人相信这块砖能变成一座教堂?最可信的背书当然是形象。你的形象市值越高,从信任市场上获得的助力就越多。马云、贝索斯、马斯克等卓越的企业家都曾在只有一块砖时被人视为疯子,但通过卓越的形象市值管理,愿意和他们一起搬砖的人越来越多,最终建起了教堂。"忽悠"与形象市值管理之间的区别就在于,前者只是用肥皂泡编织的话术,迟早会被证伪,而后者则需要在一次次证实中调高目标。

这是一本写给企业家与创业者的书,对象不一定是人,有时也会是公司,因为创始人形象与公司形象往往荣辱与共(如何做适当切割是本书的重要部分之一)。本书也适用于所有爱惜羽毛的人,普通人一样可以将自己作为一只股票来经营。本书写作时间不到 1 年,却是我对过去 12 年职业生涯点滴集聚经验的系统总结。书中引用了大量案例,部分来自公开报道,部分来自我的亲身经历。为了加强实操性,也为了提供具体的方法论,我将之总结成了一段顺口溜。

形象矛亦盾,误区共有三。

完美是执念,高调惹事端。

预案要提前，危机总难免。

征兆防四相，降损用七段。

IP 看坐标，共鸣才放电。

故事终极问，技巧八处练。

论坛与饭局，皆为关键点。

访谈需慎选，五错不要犯。

　　这像是一段密码，解码器就在书中。需要特别强调的是，整本书只是形象市值这个大课题的前言，这是一个需要在实践中不断丰富的开源系统，在每一部分后我也留下了讨论的题目，与此书相配合的还有一系列线下读书会（我们会在全国 50 多个城市中，分别组织每场 200 人的读书会，您可以关注"今今乐道"App 并在后台报名），希望对此专题感兴趣的朋友，可以共同完成精彩续篇。

Contents **目录**

无管理，不形象

形象如同空气和水一样，你平时感觉不到它的存在，但关键时刻它是矛也是盾，既能打破坚冰，也能屏蔽攻击。不过，如果你把形象当成可以肆意生长的野草，就别指望在需要时它能成为漂亮的草坪。

第 1 章│**形象管理三大误区**

形象管理就是要高调 / 007

形象管理是公关的责任 / 010

形象管理就是仅展示优点 / 014

第 2 章│**移动互联网下半场，形象管理新挑战**

天雨时代 / 017

传播平权 / 020

茶杯里的风暴 / 023

第 3 章│**形象"三意"**

马云，整体意识 / 028

柳传志，良性意识 / 031

雷军，节律意识 / 033

02
第二部分
036

形象管理高手都是危机控制大师

此刻击中你的那粒子弹，早在昨天就射出了枪膛，你需要的不是躲避子弹，而是制止那根扣动扳机的手指。

第 4 章 | 危机的四大征兆，千里之堤
是怎样溃于蚁穴的

鸡蛋碰石头 / 039

透支价值 / 041

急功近利 / 042

言行不慎 / 044

第 5 章 | 杀伤力最大的三种危机

重大事故且成为公共议题 / 049

领导者个人形象坍塌 / 051

连环危机 / 055

第 6 章 | 两件避弹衣

轻足迹响应机制 / 061

提前积累有助于舆情管理的人脉 / 065

03
第三部分
068

如何从形象废墟中站起

总结逆转的经验比总结失败的教训更难，因为前者是若干因素的集合，包括意志、技巧与团队协作，当然，还需要一点运气，而后者只需要一击就够了。

第 7 章 | 危机中降低形象损害的七条定律

速度制胜 / 071

切勿掩盖 / 073

了解全貌 / 074

不挤牙膏 / 078

诚恳回应 / 080

莫以利诱，莫以威迫 / 085

截断风暴 / 087

第 8 章 | 绝地逆袭

陈冠希，勇于"被消费" / 089

科比，重建事实锚点 / 094

褚时健，人格 IP 产品化 / 098

04
第四部分
104

通过讲故事，打造企业家 IP

以始为终，从降本增效这一目的出发，掌握共鸣性、辨识度、连接值、概念力四维图，说好故事，打造好企业家 IP。

第 9 章 | IP 价值思维图

先天 + 普世 = 敲响特定人群中的共鸣音叉 / 111

先天 + 个性 = 积蓄辨识度势能 / 115

个性 + 养成 = 无限拓展连接力 / 119

普世 + 养成 = 将复杂问题简单化的概念力 / 123

第 10 章 | 企业家怎样讲故事

三种故事模型 / 129

八种讲故事的技巧 / 138

05

管理关键时刻

IPO 前后,与投资人接触、参加论坛及饭局、发布产品、接受洽谈,在每一个关键时刻,让每一个接触点都是体验的正向加分。

第 11 章 | 四大关键触点

IPO 前后 / 161

与投资人接触 / 167

参加论坛 / 171

饭局 / 173

发布产品 / 174

第 12 章 | 用好访谈的每一分钟

向死而生 / 180

如何通过访谈树立形象 / 189

警惕与媒体接触时最毁形象的五个细节 / 199

致谢 / 209

IMAGE VALUE

01

第一部分

无管理，不形象

形象如同空气和水一样，你平时感觉不到它的存在，但关键时刻它是矛也是盾，既能打破坚冰，也能屏蔽攻击。不过，如果你把形象当成可以肆意生长的野草，就别指望在需要时它能成为漂亮的草坪。

> » 如果你把形象当成可以肆意生长的野草，就别指望在需要时它能成为漂亮的草坪。
>
> » 没有一条道路是通向真诚的，而真诚是通向一切的道路。
>
> » 移动互联网的下半场，那些占据大江大河的叙事者虽然表面风光，但他们拥有的只是流量幻象，企业家要打造属于自己的"茶杯"。
>
> » 今天把你捧上神坛的人，明天也可能把你绑在靶心。
>
> » 发展是解决一切问题的根本，发展也是解释一切问题的根本。

　　2018 年 7 月，在一部大热的电影《邪不压正》中，廖凡饰演的反派朱潜龙第一次出场，是与姜文饰演的蓝先生欣赏朱家老祖宗——朱元璋的一幅画像。

　　两个人叩拜完朱元璋的画像之后，朱潜龙提出要与朱元璋的画像合照留念。此刻蓝先生赞叹："太像了，一看就是亲孙子。"细心的观众能发现其中隐藏的笑点：廖凡的"鞋拔子脸"，确实与画像神似。蓝先生说："给朱元璋画像的画师，前两个都让他杀了，只有最后一个获得了重赏，留下了这幅画。"

　　此传奇多见于明代野史，据说朱元璋相貌奇特，五官不正，而当时"亚洲四大邪术"之一的 PS 还没发明，他称帝之后在全国寻觅丹青高手给自己画像。第一位进宫的画师十分老实，将朱元璋画得栩栩如生，简直如同真人复刻，老朱看了后龙颜大怒，立刻下令将他处死；第二位画师吸取教训，把朱元璋画成了一位风度翩翩的美男子，但一代枭雄哪能如此好忽悠，于是他也被砍了头；第三位画师战战兢兢，想出了一个主意：画像与真人既有相似之处，也有不同的地方——脸型接近，精气神则综合了唐宗、宋祖的气魄，果然，朱元璋一看，喜欢得不得了。

神似形不似的尺度不好拿捏，这种技法有点像后世徐渭的大写意。当然，这只是传说，流传至今的朱元璋画像有 16 幅，正史中收录的画像和民间流传的画像区别很大，简直不是一个人。朱元璋的真实长相估计只有基因技术才能还原了。

实际上，世界各地不乏给长相古怪或者体型特殊的权势人物画像的故事，而且这些故事情节雷同。这算是一种特殊场景下的形象管理，不管是古代帝王将相，还是现代的官员商人，往往成就越大的人越注重形象。形象的作用不言而喻，有魅力的形象可以让人追随，有威严的形象可以巩固权力，有亲和力的形象可以引起共鸣，有个性的形象可以脱颖而出。

形象平时如同空气和水一样，你感觉不到它的重要，但关键时刻它是矛也是盾，既能打破坚冰，也能屏蔽攻击。不过，如果你把形象当成可以肆意生长的野草，就别指望在需要时它能成为漂亮的草坪。

林登·约翰逊（Lyndon Johnson）是美国第 36 任总统，他有非凡的政治天赋，被视为"洞察人心，具有极强的领导力，操纵立法的天才"。他就任期间发生了很多影响美国历史发展的大事，美剧《纸牌屋》中的下木（Underword）总统就以他为原型。约翰逊以善于做形象管理著称，他出身低微，在通往权力的道路上无所不用其极，成名后极力掩盖人生轨迹中不那么光辉的一面。

在得克萨斯州西南师范学院读本科时，他暗中安排，把大学每年纪念册中关于自己的书页剪掉，就这样剪了好几百本，在这所大学的图书馆，找不到任何有他大学经历的校报存档。他后来还想办法让学校教职工和同班同学都不愿意谈起与他相关的事情。彼时他还未踏入政坛，在大学期间做的这些事显示了他的深谋远虑。他的传记作家罗伯特·A. 卡洛（Robert A. Caro）这样解析其内心：不仅想创造自己的传奇并且名垂青史，而且要确保这个传奇永远不会被驳倒——这可能与朱元璋在画像故事中呈现出来的心态接近。

即使你没有如此野心，只想小心维护自己现有的成就，那么，形象管理也是绕不过去的一环。

2018 年 9 月 10 日教师节，马云宣布了自己的"传承计划"。第二天，网上流传出一份关于这次传承计划的所谓内部方案，方案中详细列举了关于"马云退休"事件的舆情引领思路和操作细则，重点、次重点列举分明，而且对可能出现的质疑提出了预案。

方案中规定了十分明确的舆情维护执行思路，包括评论以为马云点赞、为马云鼓掌、祝福马云、肯定阿里、阿里会更好等方向的内容为主，展现阿里合伙人制度和人才传承体制的优越性以及阿里履带式前进、三大战略、五新战略等的前瞻性，准备一批爆款评论。

从方案本身而言，这可谓在关键时间点提出的相当专业的策划案。但阿里方面很快解释，这是外协公司"未被采用"的传播提案，又说阿里从未用过，也不会采用这样的操作方式。不管真相如何，阿里自身真实的形象管理能力应该在这份策划案水平之上。

表达能力极强的马云都不打无把握之仗，难道你要赤膊上阵？

第 1 章

形象管理三大误区

所有知识中，最珍贵的就是常识，在理解形象管理的必要性之前，先要走出三个常识性误区。

— 形象管理就是要高调 —

提及形象管理，很多人的第一反应就是要更高调地发声、亮相、站到前台，其实恰恰相反，曝光率不等于美誉度，至少在 60% 的场景下，形象管理的要点反而是减少曝光率，同时让每一次展示既有效率，又有效果。

高调与低调，和企业的属性有关。To C[①] 的业务需要创业者有更高的公众知名度，To B[②] 的业务需要影响特定客户。这与企业发展阶段也有关，A 轮之前企业需要以更低的成本引入用户，吸引投资人关注，此时，创始

---

① To C，to customer，面向消费者的企业。
② To B，to business，面向商业机构的企业。

人需要多亮相。C 轮之后，竞争环境与融资环境更加复杂，而且企业已有一定关注度，此时就要谨慎发声。同时这与企业面对的场景也有关，同样是处理危机，有的情况下，再低调的人也不得不出面解释，有的情况下，再善于表达的人也要闭嘴。

如果你不知道如何开口，最简单的方式是少说。

《增广贤文》中说："守口如瓶，防意如城。"嘴巴太大的人，可能成为网红，但难以成为卓越的企业家。我在媒体工作时，对此颇有体会。对记者们来说，有机会采访华为创始人任正非、顺丰创始人王卫，他们都会觉得这是职业生涯中的幸事，但要采访那些每周都会接受访谈、做演讲的企业家，就少了几分成就感。原因很简单，因为任正非与王卫都很低调，这使他们在传播中有了价值稀缺感。

顺风顺水时要慎言，遇到麻烦时更要尽量不评价他人。经营公司难免要在各种冲突中周旋，与对手、供应商，甚至员工，都可能发生摩擦，为一时痛快就肆意发泄，吐出的每一个字都可能成为自己前进道路上的一枚钉子。

有时高调吐槽会被当作解决问题的策略。2017 年 5 月，一位自称"毛巾哥"的创业者朱志军，因为自己的品牌与网易严选销售的毛巾产生品牌侵权争议，他发出了一封名为《致丁磊：请给创业者一条活路》的公开信。类似这种控诉大公司侵权、抄袭的事件不胜枚举，但如果没有确凿的证据，这其实是"杀敌一千，自损八百"的方式，大公司确实伤了面子，形象市值丢分，但小公司丢的可能是里子。

周鸿祎曾经对创业者提出忠告：小狗在大狗面前别汪汪。柳传志先生曾有一个形象的"大鸡小鸡"论：企业家只有把自己锻炼成火鸡那么大，小鸡才肯承认你比他大；当你真像鸵鸟那么大时，小鸡才会心服。只有赢得这种"心服"，才具备在同代人中做核心的条件。

这些质朴的比喻都指向一个道理：没有实力打底的时候，调门再高，也不过是自娱自乐。

低调并非不说话，甚至也不是少说话，而是"辞达则止，不贵多言"。任正非、王卫这类低调的企业家都有自己向公众表达的方式，而且几乎每击必中，如任正非每年都会写几封流传甚广的"内部信"，王卫因为顺丰快递员被打怒发朋友圈，张小龙每年一次的微信公开课，都是通过非正式渠道不断丰满自己的正向人设。

2013 年前后曾出现过一批 90 后网红企业家，他们主要靠张扬个性和犀利表达"C 位出道"。如"超级课程表"的创始人余佳文，曾豪言拿出 1 亿元分给员工，可到了 2015 年，他发现根本做不到。他还与周鸿祎在节目现场互怼，直言"年轻人企业是玩出来的""认怂怎么了"，但被周鸿祎怒斥说话虚伪。

创业是残酷的生存游戏。2019 年年初，那些网红企业家很多 都销声匿迹，依然在坚持并越做越好的，如"伏牛堂"创始人张天一，都完成了对自我的认知升级。张天一有一个很痛的感悟，就是目标感要强，不断打胜仗，团队才有凝聚力。"企业要有所成长，网络里活得好不好不重要，现实中活得好就行。"

— 形象管理是公关的责任 —

在国内，公关是"受累不讨好"的职业，它往往处于权力的末端与问题处理的前沿。企业正常运行时，公关的存在感很弱，不用说影响"老大"的形象包装工作，即使是协调各部门信息的传播都会遇到层层阻碍；但当危机发生后，他们又必须扮演堵枪眼的角色。你或许常听说某家公司公关能力太弱，但这并非一个部门无能，准确的表述应该是"该公司的形象管理体系太弱"。

国内企业公认阿里的公关部门战斗力最为"彪悍"，其实这与其在权力架构中的位置有关。有个笑话说，有两个部门在其他公司是弱势部门，但在阿里是绝对的强势部门，一个是人力资源部，另一个就是公关部。

有些企业家对公关部门极为重视，但其实他才是形象管理第一责任人，树立或者毁掉形象，往往都在他自己的一念之间。

2018 年 8 月 1 日，有消息称 Google 将重返中国，《人民日报》随后在 Twitter、Facebook 上发文，欢迎 Google 回归——当然前提是要遵守政府的相关法律政策。

这种消息每年都会出现几次，此次也很快证明，Google 搜索业务要重返中国的消息不实。这个消息本来不会引起什么波澜，但百度创始人李彦宏突然跳出来隔空喊话，发了这样一条长长的朋友圈。

今天《人民日报》在海外的社交媒体上说欢迎 Google 回归，但前提是遵守中国法律。这个事情有朋友问我怎么看。我想说，中国的科技公司今天有足够的能力和信心，在与国际企业的良性竞争中变得更强，共享全球化红利。如果 Google 决定回到中国，我们非常有信心再"PK"^①一次，再赢一次。

今天的百度，已经是一家在全球人工智能领域有巨大影响力的公司，我们的全球生态合作伙伴已经超过 300 家。Google 也是我们国际市场上的合作伙伴。在产业的下一幕人工智能时代，百度已经做好充分准备，和世界共同拓展技术边界、分享创新成果。

再来看中国市场。这些年，我们的产业环境和发展规模已经发生了翻天覆地的变化，中国的科技公司在发现新问题，服务新需求方面已经走在了世界的前面，全球都在 Copy from China。这是每个想要进入中国市场的国际企业，都必须认真考量和面对的。

这些年来，百度一直被认为是占了 Google 退出中国的便宜。我们无法证明一件没有发生的事情。事实上，Google 是 2000 年先于百度在中国市场上推出独立搜索服务的，2005 年更是加大投入，而百度是后来者居上，通过技术和产品创新反超 Google。到 2010 年，Google 在市场份额持续下降的情况下退出中国时，百度的市场份额已经超过 70%。如果现在 Google 回来，我们正好可以真刀真枪地再"PK"一次，再赢一次。

划重点，这里面的关键词是"再'PK'一次，再赢一次"，至于说

---

① PK，出现在李彦宏朋友圈内，意为竞争。

"真刀真枪"，是因为李彦宏有点不服气，这么多年，百度一直被"误认为"占了 Google 退出中国的便宜。

8 月 1 日当天，受此传闻的影响，百度股价暴跌 7.73%。《人民日报》评论文章发出之后，百度股价再次下跌，收于 232.96 美元 / 股，跌幅 1.14%。如果李彦宏不发声，Google 重返中国的消息很快就会被下一个热点覆盖，但李的表态可谓平地起风波。新浪财经还发起一个调研问卷，如图 1-1 所示，问卷结果对于百度可以说是一次暴击。

所谓高手在民间，此事激发了段子手们的创作欲望，大家开始在两家搜索引擎上搜索同样的图片关键词，如"嫩滑"，结果发现百度首页出现的都是各种女性暴露着装图片，而 Google 出现的是鸡蛋羹、奶酪等食品。如果解剖系的学生想了解一下"胸膜"，百度搜出来的结果同样很"刺激"，Google 则会呈现各种解剖图。

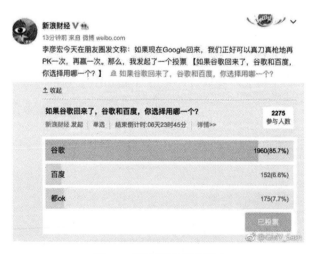

图 1-1　新浪调研问卷截图

如果说责任全在百度，显然也有点冤枉百度。搜索结果显示的是用户偏好，这与产品的道德属性没有关系，算法不会懂"嫩滑"这些词在不同人眼中的不同含义，只知道什么样的图片搜索权重高。

可正因为网友将李彦宏的这条朋友圈视为一种挑战，才引发了后续的自传播行为。在这样的情况下，公关能决定自己老板发什么朋友圈吗？

创始人现在有太多可以直接接触用户的渠道。论坛上的一句话、私聊中泄露出的录音或录像、一条微博、一条朋友圈留言、创始人的瞬间冲动，都可能成为公关堵不上的窟窿。

2018 年，曾多次发生与企业家有关的朋友圈事件，如马化腾和张一鸣因为业务竞争在朋友圈互怼，周鸿祎发朋友圈"我的人生竟然如此失败，没有任何意义"……这些事倒没什么负面影响，但足以看出，创始人如果自己想发声，他们的一念之间往往会给公关团队带来半个月的工作量。

但如果企业家说错了话，公关团队就会很狼狈。王石几次因为口无遮拦给公司带来舆论压力。比如 2008 年汶川地震，他公开宣称"万科捐出200 万是合适的"，并规定"普通员工限捐 10 元，不要让慈善成为负担"。再比如 2015 年万科与宝能之争，他通过各种渠道表达不欢迎宝能，将宝能系创始人姚振华斥为"卖菜的"，发表了万科不欢迎民营企业做第一大股东等言论，每次都引起一片哗然。

联系上下文与特定语境，虽然王石的话说得都有一定道理，但断章取义单独拎出来做成标题，很容易引发众怒。

CEO 不是一个独立个体，他们还代表着公司的形象。他们不能在管理自己的形象上偷懒，若不能对自己的行为轨迹进行有意识的管理，公关团队能力再强也只能起到装点门面和止损的作用。

— 形象管理就是仅展示优点 —

按照弗洛伊德广为人知的心理动力论，"我"有三个部分："本我""自我"与"超我"。而从形象管理的角度看，"我"包括两个部分："自己眼中的我"与"别人眼中的我"，两个"我"的统一过程，就是心智成熟的过程。

几乎每个人都会对这两种"我"产生认知偏差，企业家更容易犯这样的错误。他们参与的外部活动很多，公司开会、论坛活动、客户谈判、对话投资人……不同场景下扮演的角色不同，但不管怎样包装，他们都希望展现自己最优秀、最强有力的一面，久而久之，他们很容易产生错觉，认为形象管理就是将自己的优点放大到极致。这是个危险的错觉，因为自己眼中的"我"越完美，与别人眼中的"我"的差异就越大。

我读大学时写过一篇人物特写，讲河北一位企业家收购国有药厂后将其转型的故事。我自己觉得非常满意。点评作业的是著名报人、《人民日报》总编辑范敬宜先生，范先生写下了七个字的评语：施粉太多未必美。此评语令我终生难忘，意思是主角光环太强，反而让人物不可信、不可亲近。

新闻客观性原理指态度上的不偏不倚、事实与意见分开，这是新闻学最永久，也最不容易把握的命题。这个道理知易行难，即使成熟媒体人都懂得多维度信源的重要性，但他们偶尔仍会从天平一端跳到另一端，将报道对象描绘为天使或魔鬼。

现在换一个角度，有的企业家倾向于有意无意地把自己包装得很完美，这其实是强迫别人接受"自己眼中的我"，会埋下隐患。我在媒体工作时，处理过很多非常无理的改稿要求，如某次记者写到一位企业家冬天在衬衣内露出了一截秋衣，对方就几次打来电话，一定要记者删掉这段描述，觉得这显得自己太土气。还有一位投资人，因为他投资的一位创业者在接受采访时无意中透露他性格暴躁，他就臭骂了这位创业者一通，逼着对方去找媒体改稿，删掉这一部分，他用这种极为暴躁的方式，来显示自己是个不暴躁的人。

所谓"上有所好，下必甚焉"，遇到有这种倾向的老板，团队也自有一套对付的办法。某世界 500 强公司的一位公关部负责人曾告诉我，自己入职第一天获得的提醒就是要找机会进老板办公室观察一下，了解他常看的报纸、杂志有哪些，最好再请老板的秘书吃次饭，了解老板经常关注的线上信息源（如微信公众号），然后下功夫与这些平台搞好关系，广告也主要投放在这些方向上，这样，老板看到和自己相关的内容几乎都是赞美之声。

她在此基础上还有发挥，就是将亲近公司的，或者老板最喜欢的意见领袖都聘为外脑，建群定期沟通，群里老板也在，谈论的内容自然是让各方满意的。偶尔公司在财报发布内容或者有其他利好时，请这些意见领袖发朋友圈，老板还能看得见。长此以往，老板自然觉得"自己眼中的我"与"别人眼中的我"是高度统一的。但是，2016 年，这位创始人陷入巨大的舆论危机，整体形象几乎一触即溃。面对冲击，他瞠目结舌，仿佛被从天而降的陨石击中，想不通为何世界突然就对他充满恶意。

不知不觉将自己架上神坛，是有风险的，人设的崩塌比建立要快得多。还有少数创业者会表现出明显的自恋倾向，他们热衷于做网红，对外解释是如此可以低成本扩大公司知名度，而真正的驱动力还是自己的表演型人格。

罗永浩虽然不是粉丝最多的创业者，但他的粉丝忠诚度很高。他是个善于自嘲的人，一面谨小慎微，一面得理不饶人；一面腼腆害羞，一面骄傲自大，虽然他常常体现出极端挑剔的一面，但这一面也被演绎成了匠人精神。这样的人设让人无法发力打击——你想把他踩进尘埃里，他告诉你：哥们，我本来就在尘埃里站着呢。虽然到 2019 年年初，锤子科技的资产已经被冻结，但如果没有罗永浩用自己"不完美"的形象给公司"续命"，恐怕情况比现在要糟得多。

每一个人都是钻石，磨砺的角度不同，就会散发出不同的光芒，如果非要把钻石压成平面，就会制造出一面哈哈镜，只能看到变形的自己。建立人人都喜欢的形象可能只是妄想，请记住：没有一条道路是通向真诚的，而真诚是通向一切的道路。

第 2 章

移动互联网下半场，形象管理新挑战

形象管理并非一个新话题。进入移动互联网下半场，从传播场景到传播方式，再到用户心理都发生了变化。不同于传统品牌公关、渠道管理或者危机应对，它需要一套全新的玩法。首先，我们应该回到河流的源头，看看哪些变化正在悄然发生。

— 天雨时代 —

5 年之内，自己没有导流能力的 To C 端产业，都会失去竞争力。原因很简单：流量变得更贵、更分散，也更难获取。

多数互联网从业者都让昂贵的流量压得喘不过气。创业者对流量的渴求，如同鱼对水、树木对阳光、万物对空气的渴求。

2017 年 8 月 24 日，饿了么收购百度外卖，为此付出了 8 亿美元的代价，其中 5 亿美元用于收购百度外卖本身，另外 3 亿美元是为了买百度打包的流量入口，包括为期 5 年的手机百度、百度糯米、百度地图的流量入口和为期 2 年的百度搜索流量入口，算下来，饿了么每天支付给百度的流量费用为 109 万元。

彼时，阿里虽未收购饿了么的全部股份，但依然对饿了么有流量入口支持，可对正在与美团点评做对决的饿了么而言，依然吃不饱。

不仅饿了么缺流量，连阿里自己都迫切需要流量。阿里在 2018 年 6 月做了 3 个动作：6 月 1 日，投资小红书；3 天后投资宝宝树；6 月 13 日，与微博推出"U 微计划"。为了对抗腾讯，它频繁通过投资等方式占领社交、内容场景。

连中国第一大流量输出方腾讯也有自己的流量焦虑。2018 年上半年，它与今日头条连场大战，这本质上是流量战争的升级版。抖音通过"算法 + 短视频 + 开放式关系"的方式，硬是在腾讯"熟人通信 + 封闭关系"的体系外撕开了一道口子。最令腾讯警惕的是今日头条吸纳年轻用户的能力，虽然腾讯一直强调"提供年轻人喜欢的内容"，但按照"使用时长"和"打开次数"两个黏性关键指标，头条系在"Z 世代"[①]中足以对腾讯形成压力。

巨兽尚且如此，小型动物如何低成本获得流量?

2015 年—2017 年，曾兴起一波网红经济，这是社群经济、粉丝经济在直播、短视频等平台助力下的狂欢。彼时，网红的主要变现路径除了打赏和广告，就是给电商导流。表现最突出的像杭州如涵控股股份有限公

---

① Z 世代，美国及欧洲的流行用语，意指在 20 世纪 90 年代中叶至 2000 年后出生的人，他们又被称为网络世代、互联网世代，统指受到互联网、即时通信、短信、MP3、智能手机和平板电脑等科技产物影响的一代人。——编者注

司，旗下网红频繁刷新电商记录，其头部网红 2017 年在淘宝直播 2 小时，带动了近 2000 万元的服装销售额，而且连续几年"双 11"都是带动销售额最早破亿的网红。

流量正从沟渠时代转换到天雨时代。过去旧电子商务时代，流量主要在几条大江大河中横向流动，大平台一方面练就流量"吸星大法"，一方面把流量转化成货币，丰满自己的报表。

在移动互联网的冲击下，到 2018 年，信息消费发生时间碎片化、欲望随性化和线上线下一体化三大改变，虽然沟渠依然不可或缺，但流量已从百川汇海到四处分流，现在逐步变为天雨，散落向下，每个公司和个体都可以借助各种工具收集属于自己的雨水，此时建立无处不在的触点，造一个"天雨收集器"，比四处挖渠更有价值。

2018 年最耀眼的 IPO 是拼多多。虽然因商品真伪存疑遭遇抨击，但其低成本获得社交裂变的方式，等于在"私域流量"中挖了一个大坑。有了私域流量，每个个体都具备跨越平台收集天雨的能力。私域流量是个体都能掌控和利用的流量，它可以呈现在公众号、朋友圈、小程序中。

企业家形象打造与其他泛众类网红形象打造差别较大，如涵 2017 年上半年出现 1531.9 万元的亏损，短视频第一网红 papi 酱的价值也大为缩水。从另一个角度看，虽然打造周期长，但企业家形象的半衰期也更长。

一个老梗是，SOHO 中国董事长潘石屹在媒体圈有很多朋友，可几乎没有媒体能赚到他的广告费，因为他从沟渠时代就有了足够多的私域流量，不需要再付费打造形象。

很多人嘲笑董明珠在移动互联网时代拒绝改变，但他们忽略了董明珠恰恰用了貌似反互联网的方式，成了互联网时代的企业家 IP，她的形象市值超过了 90% 的同代企业家，因此她自己为格力代言并不突兀，而很多创业者在没有建成天雨收集器之前就用自己为公司代言，往往成了东施效颦。

— 传播平权 —

微信公众平台有一个口号，我觉得特别精准：再小的个体也有自己的品牌。

张小龙 2014 年在微信公开课上曾对此进行解读，他希望微信公众平台能够帮助人们消除地理限制，希望消除中介，希望系统是真正去中心化的、动态的。这些表述，也是对移动互联网时代"平权运动"的注脚。

移动互联网时代的平权，不仅是空间平权，还有时间平权、表达平权、感受平权等。平权不是权力平等，也不是权力平均，而是拥有"选择的权力"。与形象管理相关，就是我有喜欢你或者讨厌你的权力，也有相信你或不相信你的权力，套用一句网络用语就是"你若端着，我便无感"。

传播学中有两个经典理论，一个是魔弹效应，一个是沉默的螺旋。魔弹效应是指传播具有极其强大的威力，受众就像是射击手面对孤零零的靶子，或是躺在病床上接受治疗的病人一样，传播者只要将信息对准受众，就可以把自己的思想、情感和动机灌注到受众脑海中，迅速使受众的行为和态度发生改变。典型的例子就是 20 世纪 30 年代，罗斯福总统通过广播发布的炉边谈话^①。

沉默的螺旋则是指表达想法与观点时，如果看到自己赞同的观点受到广泛欢迎，人们就会积极参与进来；而发觉某一观点无人或很少有人理会甚至被群起而攻之时，即使自己赞同它，人们也会保持沉默。此种倾向循环往复，便形成一方的声音越来越强大，另一方越来越沉默的螺旋发展过程。

这两个理论都显示了在广播与电视产生之后，大众媒介对用户的碾压式影响，它们仍在发挥作用，但影响力已被大大消解，因为它们过分强调传播强烈的主观意志，而忽视其他传播要素，如果仍以自我为中心，依然希望通过这两种方法让自己的形象"速成"，不仅是缘木求鱼，还相当于火中取栗，搞不好会烫伤自己。

平权产生的结果是祛魅^②，它几乎是移动互联网制造的最早的文化冲击之一。这轮祛魅从 2008 年已经开始，彼时景气周期结束，一味追求"跑马圈地"的公司，开始暴露种种有违伦理的问题。随着微博兴起，不少明星企业家尝鲜式地跳到意见广场上进行自我表达，由于还不适应这些新平台，屡屡陷入口水战。另外，新一轮仇富的杂音也以站在道德制高点的姿态出场，这轮杂音以企业家为主要标靶。

---

① 炉边谈话，20 世纪 30 年代，美国处于大萧条时期。为了获得美国人民与政府的支持，缓解萧条，美国总统富兰克林·罗斯福利用炉边谈话节目向美国人民进行宣传。这一谈话鼓舞了美国人民，同时宣传了他的货币和社会改革的基本主张，对美国政府渡过难关起到一定作用。

② 祛魅一词源于马克斯·韦伯所说的"世界的祛魅"，指对科学知识的神秘性、神圣性、魅惑性的消解。

到 2011 年，虽然移动互联网还未完全释放力量，但人们隐隐感觉到：企业家群体性地卸下光环的时代到来了。此处的魅，指的并非财富或魅力，而是指不加分辨地崇拜与追捧。

虽然这股风潮在 2012 年之后渐渐散去，可新崛起的年轻创业者偶像与他们的前辈有着差别很大的出场方式。他们不站在神坛之上，长处和短板都非常明显，更像那个你通过努力也可以成为的人。

由此可以理解，万达高歌猛进时，王健林是"国民公公"，而 2017 年，万达因为海外收购等事件陷入一些麻烦之后，公众又乐于传播他的种种传闻，反而他的儿子王思聪始终人设不倒。而李彦宏 2016 年遭遇一系列公关危机后，为了让自己的形象看起来更接地气，他主动消解光环，应贝爷之邀参加《越野千里》①这样的节目，捡牛粪、剥牛皮、吃牛心。

平权时代提出的另一个命题是：企业家的个人形象与公司形象是否应该做适度隔离？

创业之初，企业家的个人形象往往就是公司形象，这样便于向外界传递统一的信号。但当公司发展到一定规模，特别是上市之后，企业家的个人形象应该与公司形象做适度切割。

这也是王石的精明之处。他在追求爬山、游学等个人自由之前，早已着手将自己的形象剥离出万科，因此，他的婚变也没有对公司产生直接冲击。虽然郁亮成为公司代言人还需要长达十年的培养，虽然王石偶尔还会出言不慎，但在发生"宝万之争"这种"大战"之时，防火墙还是有效隔

---

① 由英国探险家贝尔·格里尔斯带领明星，深入自然荒野求生的大型探险综艺节目。

离了风险。

自 2014 年阿里巴巴在纽交所上市后，马云也有意识地将自己的形象与公司做区隔。他天马行空，做公益、练太极、唱歌、拍电影，却淡化自己作为阿里这艘航空母舰掌舵人的角色。

切割形象是一个技术活，如果因为个人原因造成形象危机，不要以公司的名义发布道歉或者解释声明。2018 年 11 月，新东方创始人俞敏洪老师，因为在论坛谈到了"女性的堕落"，被指责为侮辱女性，个人形象遭受重击，但新东方的企业形象和股价却没有受到影响。这是因为危机发生后，俞敏洪都是以个人名义通过正式渠道向公众道歉，公司并未出面做出解释。但在 2012 年 7 月，新东方遭遇美国浑水机构攻击，股价因此一天暴跌了 35% 时，俞敏洪却凭借个人影响力，让新东方获得了企业界与媒体界的多方支持。

可见，平权就是选择权力，这对企业家还有一个重要意义：他能够根据不同情况，使用不同策略，选择个人形象与公司形象的捆绑紧密度。

— 茶杯里的风暴 —

茶杯里的风暴（a storm in a teacup）这个短语最早由 18 世纪法国哲学家和思想家孟德斯鸠提出，他当时用来评论圣马力诺政治动乱。圣马力诺共和国是欧洲最小的国家，人口只有一万，孟德斯鸠认为这样一个小国的动乱对整个欧洲局势无足轻重。

这句话今天应该反向理解。移动互联网发展到 2019 年，早已产生了无数平行世界，即使是同一个时空，也往往被分割成无数的"茶杯"，除非出现泛众类的公共事件，否则日常每个人关注最多的还是自己面前茶杯里的风暴。

2018 年 3 月月底的一个傍晚，我回到家，11 岁的女儿突然问我："老爸，是不是 B 站在美国上市了？"我很惊讶，没想到她居然和我在财经方面有共同话题。其实她连什么是上市也不知道，她关心的是 B 站请去敲钟的 8 位最具人气的 UP 主，而我连那些人的名字都没听说过。在后千禧世代（2000 年之后出生）的年轻人中，那几位 UP 主却有着偶像般的影响。我关心的是 B 站的主营业务结构和用户数据，而我女儿关心的是 UP 主的日常生活轨迹，我们都生活在自己的茶杯里。

不要说我和女儿之间存在代沟，即使是同代人，不同茶杯也在掀起不同的风浪。潮流越来越难把握，今天作为"镇魂女孩"^①而呐喊，明天可能就成为了"傅璎女孩"^②。

喜欢《创造 101》中"C 位出道"的杨超越的人，和讨厌她的人曾掀起一轮又一轮骂战，关于她的正面言论与负面言论几乎势均力敌，正反评价截然不同，在不同人的茶杯内，她就是完全不同的"茶"。"物以类聚，人以群分"本来就是社交规律，移动互联网则对其重构。同一个茶杯中的人拥有稳定的核心价值观，互动频繁，会不断加固关系链。

一个人不可能让全世界都喜欢，个性强烈的企业家更是如此。斯蒂

---

① 镇魂女孩，指代喜欢热播网剧《镇魂》的粉丝群体。
② 傅璎女孩，指代喜欢电视剧《延禧攻略》的某类粉丝群体。

芬·金（Stephen King）在其恐怖小说《它》中，如此描述一个角色：他走路有风，感觉全世界有一半属于他，另一半与他水火不容。这句话用来描述很多企业家很是贴切。

即使是以客观性著称的媒体行业，对同一位企业家，不同记者、编辑评论时，在其职业性之外会体现出明显的个人好恶。对马云、雷军、罗永浩、王兴等几位企业家的评判，同一个媒体群内经常会出现不同阵营，而这种好恶与利益并无关系。

即使是贾跃亭，虽然乐视生态已坍塌，他本人长期滞留海外，留下一堆烂账，也依然有人认为他是有情怀的悲剧英雄，甚至将头像改成他的照片，旗帜鲜明地表示支持。

一代人来，一代人去。随着后千禧一代成长，一个人的公众形象会越来越容易发轫于"茶杯"。后千禧一代是深度数字化环境造就的第一代移动互联网原住民。

红杉在一份后千禧世代研究报告中描绘了其画像：兴趣驱动、特独、强调精神满足与认同感、智力高、独立决策、多元文化、吸收与包容、智能手机是标配、同时拥有多个智能设备、对信息有效过滤、主动挖掘及判别的能力都极强。网络社交渠道是 00 后打造自己个人品牌与形象的主要渠道，他们乐于分享。且期待自己成为相应领域的意见领袖；他们重视参与感，愿意参与一个 IP 的养成过程。获取他们认同的最好方式就是快速与他们产生联系，真正融入、有效感知并产生真实反馈。

将时间退回到 1964 年，媒介环境学一代宗师马歇尔·麦克卢汉（Marshall Mcluhan）出版了名著《理解媒介：论人的延伸》。他认为，媒介是人感觉能力的延伸或扩展。任何媒介都不外乎是人的感觉和感官的扩展或延伸，如文字和印刷媒介是人视觉能力的延伸，广播是人听觉能力的延伸，电视则是人视觉、听觉和触觉能力的综合延伸。这些延伸在不同国家占据的地位不同，从而导致不同文化的产生。

反对麦克卢汉此观点的人指出，这并非严密的科学考察结论，而是建立在一种感性思辨推论的基础上的；赞同者则认为，麦克卢汉有一个重要的启发，即媒介与社会的发展史也是人的感官能力由"统和"到"分化"到"再统和"的历史。

54年之后，你会感受到麦克卢汉思想穿透时空的魅力。万物皆媒时代已经到来，人的交往与沟通越来越彰显生命本身，个体感觉、知觉与情感在沟通交流中的作用越来越重要，种种社会"人造物"幻象纷纷滑落甚至崩塌，人与自我、人与他者的关系在性格的贴近或疏离中呈现或遮蔽，这代表着小叙事时代的开始。

万物皆媒，人就是媒介的核心，茶杯中流动的感觉、知觉、意识、观点、情绪、情感间彼此相连，牵一发而动全身。

在这个小叙事时代，那些占据大江大河的叙事者虽然表面风光，但他们拥有的只是流量幻象。只有打造出属于你的茶杯，才有人愿意为你买单，愿意为你站队，愿意为你吵架。

第 3 章

形象"三意"

从 2010 年开始，我跟随一位高道学习道家的混元桩法。站桩不只是动作，还需要心法。混元桩的心法叫"桩功三意"，即内守"整体意识""良性意识"与"节律意识"。

整体意识，即万事万物都是一体的，如《南华真经》①所说的："天与人一也。"站桩时要有一个身外之身观照整体的意识，就是"我是一个整体，我不为局部反应而动"，就像一个人做事和一个团队在一起做事是不同的。

良性意识，就是学会发自内心地微笑，能够调动生命中积极的能量，不怨天尤人，对所有问题都能进行正向解读。

节律意识来源于自然界与人体内都存在的一种能量的运动状态——波动。波动是一首动人的生命之歌，所有人都跟着旋律奔跑、跳跃、顺应、体会。站桩就是为了寻找生命自有的、本有的节律。

---

① 战国时代道家著名学者庄周在唐玄宗时，被追号"南华真人"，他所撰《庄子》一书，也被尊为《南华真经》。

跳出"三意"中玄而又玄的部分，整体意识、良性意识与节律意识可以对应生活与工作的很多方面，它们在形象管理中同样适用。

下面分别以三位杰出企业家为例，来解析三种意识与形象管理的关系。没有人是一次塑造成型的，企业家的自我形象也需要通过历事练心，逐渐丰满。一个卓越的形象管理者能够将这三种意识统一起来，即"在整体的良性中，把握节律"。

　— 马云，整体意识 —

2018年9月10日（教师节）9点10分，马云真正变成了"马老师"，这是一个刻意选择的日子。

这一天也是马云54周岁生日，他宣布了自己的传承计划。计划表明，在一年后，阿里巴巴20周年之际，也就是2019年9月10日，马云将不再担任集团董事局主席，届时，该职务由现任集团CEO张勇接任。

阿里方面称这是经过马云深思熟虑、认真准备了10年的计划。10年前，阿里巴巴创建合伙人机制来解决规模公司的创新力问题、领导人传承问题、未来担当力问题和文化传承问题，以制度和人、文化的完美结合让公司得以健康持续发展。

当多数企业家苦恼于如何建立自己的IP时，马云已经着手去IP化，他意识到了创始人IP与公司深度绑定的风险。

不管是否愿意，他已经代表了中国最大的"鸡汤盆"。在各种企业家论坛上，即使马云不出现，他依然是绝对的主角，他的名字会让人多次提起。网上流传着大量移植到他身上的故事和名言警句，很多连他自己都没听说过。某次中国企业领袖年会上，马云并没有出现，主办方用 3D 打印技术制作了一个他的同比例模型摆在门口，结果抢着与模型合影的人排成了长队，热度超过了现场很多企业家。

作为一个每天都生活在聚光灯下的人，做好自己的形象管理很难。今天把你捧上神坛的人，明天也可能把你绑在靶心。

马云曾多次因言行不当引来麻烦，如 2011 年支付宝事件中，因为股权变更，他受到了违背契约精神的指责；而他与宗教界、气功界人士的一些交往也颇受争议；他多次呐喊"如果银行不改变，我们改变银行"，加上他对银行的多次公开批评也引起金融界的不满。这些引起麻烦的言论，因为是"马云说的"，很容易引来过度解读。

2014 年 9 月 19 日，阿里巴巴集团在纽约证券交易所正式挂牌。当天，在曼哈顿 42 街斯普莱利（Cipriani）餐厅的晚宴上，马云开始在自己的高光时刻谈恐惧、谈谦卑。他不希望把阿里巴巴上市解读为向华尔街复仇，也不认为上市是一件多么重要的事。

留意一下就可以发现，自此之后，马云开始有意收敛锋芒。他和阿里巴巴都过了需要高曝光率的阶段，现在要做的是避免成为标靶。2017 年 9 月 8 日，阿里巴巴集团在杭州举行了 18 周年庆典活动，有近 4 万人参加。马云强调了三个词：理想主义、信任和谦卑，这也是他希望阿里巴巴在新阶段建立的新形象。

在谈到谦卑时，他特别强调，最难过的就是在外面听到有人说阿里巴巴的员工现在骄横、自大，认为自己无所不能，"我们必须明白，也必须拥有一颗谦卑的心。阿里巴巴要成为一家了不起的企业，我们的员工必须是谦卑的。"

这一年，他还把对太极的爱拍成了一部微电影，"双 11"前在阿里巴巴投资的优酷上映。为了造势，他请王菲一起合唱主题曲《风清扬》，歌名取自武侠小说中无招胜有招的华山派老前辈，这也是他最欣赏的人物。歌词中道："沧海一声笑，万籁俱寂，风萧萧日落潮退去""一个个事了拂衣去，深藏身与名"。这可谓一直有归隐情结的马老师的内心写照。

马云熟读《道德经》，肯定知道"藏"字诀是核心。"持而盈之，不如其已；揣而锐之，不可长保。金玉满堂，莫之能守；富贵而骄，自遗其咎。功成身退，天之道也。"

一件事情圆满之前，要含藏收敛。藏在哪里？藏在比自己强大的力量背后。马云在阿里巴巴上市后开始修炼"藏"的功夫。2017 年 10 月，在杭州云栖大会上，阿里巴巴集团宣布成立新技术研究院，称为达摩院（The Academy for Discovery，Adventure，Momentum and Outlook）。马云如此描述愿景：服务世界二十亿人，创造一亿个工作岗位，为一千万家企业创造盈利的平台。

还有一种"藏"是放大整体的力量，即让阿里巴巴越来越不依赖具体的人，而是在制度、人和文化之间找到平衡。

2013 年 5 月 10 日，43 岁的陆兆禧接马云出任集团 CEO。这次交接完成之后，我去杭州拜访马云，当时他告诉我，这次传承前的一年中，集团内部几次研究了英国宪章运动、法国大革命、美国费城会议，他们先请专家来上课，然后内部讨论。有次去美国，马云在林肯纪念馆一个人静静坐了半天，他思考华盛顿传递的是精神还是权力？

创始人离开，公司可能失去灵魂，他理解留住灵魂要靠一套制度，还要有一群人捍卫这套制度，而不是他自己高高地坐在制度上面。

一滴水要想不枯竭，只有融入大海。马云通过树立整体意识，给自己的形象找到了力量源泉。

— 柳传志，良性意识 —

2017 年夏天，我去拜访柳传志先生，和他开玩笑说，如果我给他写传记，题目就叫《分寸》。

柳传志出生于 1944 年，创业于 1984 年，40 岁 "C 位出道"。与他同代的企业家在处理人事纠纷、环境变化，以及与政府关系时，都颇有分寸感，而柳传志更是其中的佼佼者。有分寸才能得体，这是他们面对复杂问题时，维护好自己形象的重要工具。

柳传志南人北相，国字脸，重眉。他不笑时，有股碾压对方的气势。他的思想渗透着中式哲学与权谋，他善于用 "南坡北坡" "赛马相马" "跳出画面看画" 等俗语对管理学进行重新诠释。所谓 "世事洞明皆学问"，联想早期就是靠他这套逻辑护航才得以漂流渡过一个个险滩的。

柳传志有一个重要的人生信条：不做改革的牺牲品。如《联想风云》作者凌志军先生所描述的那样，他属于斗智不斗勇的人，他明白这世道上许多事情并不在于一时一事的秉公周正，而在于维系大局的平衡。

2018年经济下行压力较大，在北京寒冷无雪的一个下午，我与柳传志漫谈了两个多小时，柳传志认为，不管外部环境如何，中国企业家最突出的精神特质应该是上进，即不断调高目标，从2006年开始，柳传志就呼吁"要努力地使社会的空气湿润一些"，要形成一个和谐的社会，企业和企业家们要为之做贡献，不然的话，空气太干燥了就容易着火，一旦着火，企业容易受到大的冲击，更别说持续发展。后来他又多次强调"企业家最应该做的事情是把企业做好"。

在生活中，柳传志对传统价值观心存敬畏，例如孝道、诚信及谦虚。他有极佳的交流态度，他在听任何人讲话时都聚精会神，极度专注，不管是比他年长还是年少的企业家，都愿意尊他为兄。以财富论，柳传志当然不是中国企业家中最有钱的，但他在企业家群体中俨然是"武林盟主"。

不过，近两年来，柳传志的公众形象受到一些影响，这与两个因素相关。一方面社会空气比较干燥，对企业家的仇富情绪时有出现。柳有中国企业家"教父"之称，尽管他特别不喜欢这个称号，但其一言一行仍特别受关注。另一方面在于联想集团向移动互联网转型的过程中遇到一定的挫折，联想已不是舞台中心的公司。虽然联想集团和联想控股已非一家公司，但对公众而言，凡有"联想"标签的，就与柳传志有切不断的关系。毕竟，发展是解决一切问题的根本，发展也是解释一切问题的根本。

不过柳传志依然坚持从积极的角度看问题，他下面这段"孵小鸡"理论可谓对良性意识的全面阐述。

"周边的环境极为重要。拿鸡蛋孵小鸡来讲，37.5℃~39℃的温度最为适合。那么，40℃~41℃的时候，能不能孵出小鸡来呢？我想生命力顽强的鸡蛋也能孵出小鸡来。1984 年我们办联想的时候，大概就是 42℃的温度。今天的温度大概是 40℃，也不是最好的温度。因此，生命力顽强的鸡蛋就要研究周边的环境，一方面促使环境更适合，一方面加强自己的生命力，以便顽强地孵出小鸡。"

对企业家而言，哪有那么多机会遇到"最适合的温度"，只有尽力做生命力顽强的小鸡。

— 雷军，节律意识—

雷军在企业家群体中人缘也很好，他的人设非常清晰：一个懂得顺势而为的企业界劳模。顺势而为，即能找到商业的节律，能够与大势同频共振，既能得势，又足够勤奋，不但人畜无害，而且是可学习的标杆。

连续创业者很多，可雷军是个一直在赢的人。他 22 岁就进入金山公司，在此工作了整整 16 年，期间完成了金山 IPO 上市工作。2007 年 12 月 20 日，雷军从金山 CEO 的位置上辞职，彼时，金山稳坐应用软件产品和服务供应商的头把交椅。他极度勤奋，做事一丝不苟，仇恨各种假期，可以连续通宵达旦地工作，很长一段时间内每天只睡四五个小时。

后来他转型为天使投资人，但在 2009 年，他陷入了情绪低谷。一个广为流传的故事是，这一年的 12 月 16 日，雷军约了一群老朋友雪夜痛饮。那天也是他 40 岁的生日，他唏嘘不已，反思自己虽然如此勤奋，是不是依然在错误的方向上努力。聚会结束前，他总结道："要顺势而为，不要逆势而动。"

这听起来是个常识，但所有伟大的道理都隐藏在常识中。雷军找到的"势"就是移动互联网，他认为智能手机是连接人与万物的纽带。企业家群体中，雷军是自我迭代能力最强的人之一，他放下了金山时代的包袱，从用显微镜看问题变成了用望远镜看问题。

雷军在形象管理方面的迭代明显有迹可循。在金山时代，他比较低调，但在创办小米之后，他对何时亮相，何时收声的节奏把握得很准确。乔布斯发布会上那样的舞台演讲，本非他所长，但只要与目标相关，他依然愿意努力锻炼。

2016 年下半年到 2017 年上半年，小米陷入低谷。在此之前，世界上没有任何一家手机公司销量下滑后，能够成功逆转。公司走下神坛后，容易出现各种负面新闻。他再次调整节奏，并不急于回应外界质疑，而是向内思考小米到底出了什么问题。想了很长时间，他得出结论——"我们有心魔"。

由此，他决定放下包袱，解掉绳索，开开心心地做事。他再次找到自己的"势"，将其落到"聚焦""补课""探索"三个按钮上。

作为一个劳模，雷军显得有点土气，但他反而将"土"变成了优势，他愿意接受移动互联网的表达方式，放低身段，敢于自嘲。

2015 年小米印度发布会上，雷军大秀英文。他以中国人最熟悉的"How are you"开场，数次对狂热的粉丝说出"Are you OK"，他讲英文的腔调与平时说中文的腔调极为相似，引得全场爆笑。这段视频被网友 Mr.

Lemon 重新剪辑成一首 MAD^① 神曲（原曲 *Angelina*，歌手 Lou Bega），魔性的旋律引得其他网友纷纷转发，该视频迅速成了爆款。

小米不但没有因此和 Mr. Lemon 打官司，还在网上主动传播，后来甚至安排其与雷军见面。有段时间，雷军在台上张口就说 "Are you OK"，这句话成了最好的热场梗。

自嘲不是因为有勇气，而是因为有底气。雷军的数次热点话题，都与他勇于自嘲的姿态有关，2017 年 9 月 11 日，他在新品发布会上晒出的一张图，马上就成了表情包。

雷军的形象定位与小米调性契合度很高。他把握住节奏，也就把握住了与用户产生共鸣的方式。

想一想

1. 如果你不善言辞，该如何建立自己的形象？

2. 在形象管理中，怎样面对自己的缺点？

3. 如何把整体意识、良性意识和节律意识用到自己的形象建设中？

---

① MAD，指电玩文化，动漫文化中的多媒体作品。一般作品为一段影片剪辑，配以作者喜欢的音乐。——编者注

02

形象管理高手都是
危机控制大师

此刻击中你的那粒子弹，早在昨天就射出了枪膛，你需要的不是躲避子弹，而是制止那根扣动扳机的手指。

> » 当人人皆可成为超级传播节点时，鸡蛋能够轻易碰碎石头。
>
> » 心的严谨才能带来言行的严谨。
>
> » 危机总是连环发生的。
>
> » 作为公众人物，太过"放飞自我"，早晚会付出非常沉重的代价。
>
> » 在硬球世界中，寻找盟友永远是最有利武器。

做 100 件正确的事，别人未必会记一天；只要做一件错误的事，就会让别人记 100 天。

公司危机可能导致灾难性局面。对现代企业和大型组织而言，不用思考危机是否会发生，因为发生危机几乎是必然的，你只需要随时做好应对危机的准备。

危机管理是形象管理中最重要的一课，因为建立一个形象可能需要十年，而毁灭一个形象可能只需要一小时。从公关的角度思考危机管理往往是后置性的，因为公关一般思考的是事件发生后怎样做管控、防堵，怎样扭转局面。从形象的角度思考危机管理，则需要前置性，因为会击中你的那粒子弹，早在击中你之前就射出了枪膛，你需要做的不是躲避子弹，而是制止那根扣动扳机的手指。

在这一部分，我们会探讨移动互联网时代危机的四大征兆，对企业家最具杀伤力的三种危机，需要提前做好的两种准备，以及子弹击中你后，自救时的六大原则。

第 4 章

危机的四大征兆，
千里之堤是怎样溃于蚁穴的

— 鸡蛋碰石头 —

过去，个体与大公司的博弈中，个体处于弱势地位，而在人人皆可成为超级传播节点的时代，鸡蛋能够轻易碰碎石头。

危机第一个征兆就是用户关于产品、运营、服务等某个方面的负面反馈突然增加。如果此刻按下忽略键，或者只是头痛医头，脚痛医脚，危机来临时，可能只是轻轻一推，整副多米诺骨牌就会轰然倒下。在 2018 年滴滴系列恶性事件前，围绕顺风车已发生多次与性骚扰相关的事件，这些前车之鉴却未引起企业高层足够的警觉和重视，企业也没有用技术手段提升安全系数。

2016 年 5 月，因为魏则西事件，百度成为众矢之的。

西安电子科技大学学生魏则西，身患滑膜肉瘤，在与病魔斗争近两年后，于 2016 年 4 月 12 日不幸离世。

魏则西生前在知乎上写下了他的治疗经历，其中记录到，他曾通过百度搜索疾病信息，第一条结果是某医院所谓的生物免疫疗法，经过这家医院的多次治疗，他的病情仍未好转，后来被网友告知，生物免疫疗法是国外临床淘汰的技术。他去世后，随着舆论深挖，有媒体称该生物诊疗中心早已被"莆田系医院"承包。

由此，百度医疗广告竞价排名再次成为抨击的焦点。2016 年 5 月初，国家互联网信息办公室（简称网信办）会同国家工商总局、国家卫生计生委成立联合调查组，进驻百度公司。2017 年，百度集团履职不到一个月的总裁兼首席运营官陆奇就宣布将移动医疗事业部整体裁撤（2018 年陆奇离职后，百度搜索部门又悄悄重启了医疗竞价广告排名）。

百度因医疗竞价广告排名背负恶名已久，就在魏则西事件发生之前不到四个月，还发生过百度贴吧出售"血友病吧"经营权事件，随后曝出"百度 40% 的热门疾病贴吧已经被卖，而大多数用户都会通过百度搜索医疗信息，甚至完全相信这些信息"的消息。

不难发现，此事件发展轨迹与滴滴在两次强奸杀人案中的表现何等相似。但企业必须明白，客服部门不是摆设，更不是用来应对用户投诉的守门员，而是形象市值管理中的前哨。大象或许能承受得住棍棒的打击，却受不住针刺，来自微小个体的负面反馈，就是一根根利针。

— 透支价值 —

对公司创始人而言，能"忽悠"是优点还缺点？

不要一听这两个字就将其直观地理解为华而不实，夸张造作。对创业公司而言，在资源不够的情况下，能够凭空画出一幅蓝图，将同事与合作伙伴带入未来的场景中售卖"期货"，是一种非常强大的能力，若没有这种能力，马云就不可能成功。

但如果泡泡吹得太大，承诺无法兑现或根本没想过兑现，那话出口的一瞬间，就已埋下祸根。

乐视被称为著名的 PPT 公司，有人说创始人贾跃亭就是靠一张张精美的 PPT 和高频的发布会，来拉高二级市场股价，才为乐视融到几百亿元的。2016 年，乐视开发布会的频率大概是两三天一个，甚至一天两个，频繁的发布会营造出一幅欣欣向荣的景象，实际上乐视早就是强弩之末，但越是这样，它还越要表现得底气十足，否则就更拿不到救命钱。

我参加过乐视超级汽车的发布会，PPT 上的一大堆数字和概念确实耀眼，看起来像是超越了很多顶级跑车。只是有一个最基本的问题难以回答：车在哪儿？这个问题直到现在也没有答案。

乐视崩盘之后，腾讯五位创始人之一、后转型为天使投资人的曾李青在微信朋友圈发文称乐视是庞氏骗局。对这一看法，我持保留态度。贾跃亭在这个过程中损失掉了很多，导致这一结果最可能的是要支撑起乐视所谓的"生态化反"，贾跃亭高度透支了个人价值与公司价值。

当乐视走到"超级电视"领域时，它还是一个能真正为用户创造新价值的行业颠覆者，当他走到"乐视网、手机、影视、体育、电视、金融及乐视汽车 7 大生态"时，化学反应就只存在于贾跃亭的想象之中了。乐视的生态是个伪生态，不同板块出血点太多，造血能力又太弱，两个盖子要盖七口锅，崩盘早已写入了结局。

— 急功近利 —

我曾请教北极光创投的创始人邓峰，哪些创业者他是肯定不愿意投的。他想了一下告诉我，那些没有超越财务回报之外梦想的人，他是不会投的。

最初听他这么说，我觉得有点太冠冕堂皇了，后来才逐渐体会到其中的奥义。

不管对外如何包装愿景，如果一个创业者的真实目标就是获得财务回报，他很容易出现短线操作，如用高补贴的方式换取快速增长，补贴结束后却只剩一地鸡毛，没有找到可持续发展的方式。

农产品交易平台"一亩田"成立于 2011 年，到 2015 年，该公司实现了 2 000% 的增长，号称估值一个月一涨。截至 2015 年 6 月底，交易流水达到 153 亿元，在这一年 6 月 20 日到 7 月 21 日期间，完成 65 602 单交易，流水总额就达到了 99 亿元，日均 3.2 亿元。

此数字如此惊人，让一亩田迅速成为当红炸子鸡，然而危机接踵而至。2015 年 9 月，网上爆出一亩田数据造假，是一家"刷单"公司，随后又传出其资金链断裂，大裁员 75%，一线人员被裁，资方准备撤退的消息。

原来，2015 年 5 月至 7 月，一亩田员工从 1 600 余人骤然增加到 3 000 多人，其中大量员工都是线下地推。同时，一亩田大量采用返利补贴的方式吸引客户进行线上交易，培养线上交易习惯。这一做法是为了将企业发展成农产品交易平台，并形成资金沉淀。

在 2014 年 12 月至 2015 年 6 月期间，供应商和采购商各有交易额千分之一的返利补贴；6 月 3 日至 6 月 17 日，补贴力度加大到双方各补贴千分之二。6 月、7 月间，一亩田平台上出现了高达 99 亿元的交易额流水，这是此前实行的返利补贴的长尾效应。

但是，从其内部信息看，这种补贴并没有改变农户面对面使用现金交易的习惯，反而增加了农民的交易负担。现实中，大多农户是线下已有交易，为了获取返利补贴而到平台上"过一遍水"，在一亩田平台上发生的真实交易，数量少且金额低。与此伴生的另一个问题是，为了完成公司每个月制定的高额业绩任务，一线销售不得不硬干、蛮干，甚至刷单，而公司高层对这种刷单行为也采取了默许的态度。

总之，一亩田表面上是在帮农民卖货，但其实是一种只重销售不重产品的金融模式，这场从投资人到创始团队、管理层都默认的模式，最后在投资无法支撑时终于爆发出问题。

英国著名投资家邓肯·班纳坦（Duncan Bannatyne）曾写过一篇文章，名叫《商战中著名的愚蠢行为》，此文叙述了 1992 年英国胡佛公司犯下的一个急功近利的错误。当时，有人自作聪明地提出一项促销计划：顾客购买他们超过 100 英镑的产品，就可以得到免费机票。所有人都认为这是一个不错的营销策略，可以吸引大量消费者购买他们的产品，而最终领取免费机票的人不会很多。

起初，他们免费提供的是两张欧洲地区的往返机票，这一促销手段使他们迅速售出了部分积压产品。于是，公司决定扩大优惠幅度：免费提供两张去美国的往返机票。他们认为，这一策略足以售空仓库中积压的产品。他们提出的营销口号是："两张往返机票的效用，令人难以置信。"这一促销口号被印在他们产品的标签上，顾客因此深信不疑。当时，伦敦到纽约的机票约 200 英镑。如果一对夫妇购买一件胡佛牌吸尘器，领到两张往返机票，便能节省 300 英镑。因此，很多人在没有真正需求的情况下购买了胡佛的产品。

胡佛公司根本就招架不住，消费者以此为由向法院提起了诉讼，并毫无悬念地赢得了官司，胡佛公司不得不履行机票承诺。据统计，有 22 万人成功拿到了免费机票，胡佛公司也因此损失了 4400 万英镑（不包括诉讼费），此外，公司的声誉也受到难以估量的沉重打击。

类似剧情在多条赛道上都曾上演。急功近利如刀尖上的蜂蜜，有时可能来得容易，却是在与魔鬼做交易。

— 言行不慎 —

某次我参加柳传志先生的内部茶话会，有位创业者提了个很有意思的问题：对企业家而言，怎样才不会无端引火烧身，柳传志不假思索地回答了四个字：谨言慎行。

在一切行为轨迹几乎可追溯的时代，谨言慎行适用面很广。心的严谨才能带来言行的严谨，一位嘴巴太大的 CEO，很容易成为公司的软肋。

2012 年，我主持某家投资机构的年会。在一个小论坛上，一位母婴行业创业者讲了一个故事：公司最艰难的时期，突然来了一批救命的订单，她的一位女性合伙人为了不耽误业务，忍痛做了人工流产。

这个故事很感人，她自己眼含热泪，听者无不动容，但大家心里都有些不舒服：因为事业，牺牲了自己未出世的孩子，这本身是反人性的，如此值得吗？幸亏这只是一个内部论坛，分享内容并没有扩散，否则一定会给她和她的公司引来争议。

2018 年 3 月 26 日，传出了李彦宏一段话，他说中国人对隐私问题没那么敏感，很多情况下愿意用隐私交换便捷性。在此之前，Facebook 因为 5 000 万用户隐私泄露事件被推到了风口浪尖，李彦宏此话如火上浇油，引来一片骂声。但很少有人会注意到李彦宏这段话的上下文，他是在与 IBM CEO 罗睿兰、Google CEO 皮查伊共同参与论坛时谈到了此问题，原意是百度非常重视隐私以及数据的保护问题。在过去几年中，中国也越来越认识到这个问题的重要性，并一直加强相关法律法规的建设。但在这个过程中，中国人更加开放，或者说对隐私问题没那么敏感，如果能用隐私来交换便捷性或者效率的话，一些中国人是愿意这么做的。

2018 年 8 月，滴滴创始人程维在接受吴晓波老师《十年二十人》的访谈时说过这样一段话："用户有这样的感觉（觉得打车越来越贵），正是

'补贴后遗症',是自己要还的债。因为你并没有因为技术的进步、效率的提高而使得车费便宜,而是靠补了 5 块钱使得便宜。这样的便宜产生错觉,当你把这个好处拿掉之后,大家会觉得你贵了。"这段话其实并未说错,但是他错用了一个"债"字,第二天,一个标题吸引了很多人的眼球——滴滴涨价,用户还债?

为此,吴晓波老师很尴尬,在朋友圈中辟谣称,对话程维的节目被别有用心的人断章取义甚至篡改传播。这些抹黑式的文章和标题,歪曲本意,对企业和企业家都是不公平的。程维的原意是指"补贴过后,滴滴自己需要还一些在用户体验方面欠下的债",或者说需要补课,而非谣言所谓的"让用户还债"。同时,程维还一直表达企业在高速发展下提升用户体验的决心和努力。

传播呈现出越来越碎片化的趋势,企业家不仅要注重言行及整体逻辑,也要尽量保证每一个切片不出现漏洞。

"钢铁侠"埃隆·马斯克(Elon Musk)则犯过一个更愚蠢的错误。2018 年 8 月 7 日,马斯克在推特上公布特斯拉计划私有化的消息,还在当天收盘价的基础上溢价 20%,然后凑了个整,捏造出每股 420 美元的买回价格。因为这个数字恰好和 4 月 20 日的国际大麻日相合,他觉得"女朋友应该会被它逗乐"。

这条推特发出后,特斯拉股价飙升,而投资者、分析师和媒体都对这条推文感到困惑。此古怪行为惹恼了美国证券交易委员会(SEC)。北京时间 9 月 28 日,一份被披露的法庭诉讼文件显示,SEC 将以涉嫌证券欺诈罪正式起诉特斯拉 CEO 马斯克。消息一出,特斯拉盘后股价一度暴跌

13.6% 至 277 美元，达到两周以来的最低点。之前那条推特带来的股价涨幅几乎全数回落。

更过分的是，2018 年 9 月 6 日，在加州参加美国最受欢迎的网络直播节目之一的《罗哥辣评》（*The Joe Rogan Experience*）时，马斯克接过主持人手里的大麻烟深吸了一口，表情陶醉，还在镜头前喝起了威士忌。

直播视频在美国引起一片哗然。虽然大麻在美国加州是合法化的，但马斯克在采访中代表着特斯拉，此举违反了特斯拉员工商业行为准则和道德规范规定。因为根据特斯拉公司的规定，员工应该在不受非法毒品或酒精影响的情况下工作。在工作场所使用非法毒品是不可容忍的。

马斯克此举遭到了美国空军的调查，因为马斯克的 SpaceX 与美国空军有多项价值不菲的合同，而持有美国政府安全许可的人是被禁止吸食大麻的。

马斯克要为自己这一系列行为付出代价。SEC 提出了两项惩罚：第一，除了罚款，马斯克要对投资者的损失进行赔偿；第二，责令马斯克辞去特斯拉 CEO 职位，并禁止他在任何上市公司中担任高管或董事。9 月底，马斯克花钱免灾，花 2 000 万美元在处罚条款中抹去了最严厉的一项——不得在任何上市公司中担任高管或董事。

这还不是影响最恶劣的失言。

英国商业史上最严重的错误来自杰拉尔德·拉特纳（Gerald Ratner），他是英国著名的品牌珠宝零售商。1991 年经济衰退期间，他在英国董事协会上试图解释他的珠宝品牌拉特纳斯的利润为什么还在增长。他说拉特纳斯之所以能够销售价格如此低廉的珠宝首饰，只是因为这些首饰确实成本低廉。"它们纯粹是垃圾",这只是他想要调节会场气氛的诙谐之语,与实际情况也不相符,英国董事协会的与会者发出一阵哄堂大笑。杰拉尔德完成演讲以后,全场与会者起立,长时间鼓掌向他致意。

杰拉尔德认为,他的那番话只是取笑自己,最多只是取笑自己的产品而已。然而,媒体报道这一消息之后,公司的营业额开始迅速下滑。而他根本没有意识到,自己那一席话实际上是在取笑他的顾客。

虽然彼时社交媒体并不发达,但这件事还是让杰拉尔德和拉特纳斯公司付出了极为惨痛的代价。公司营业额直线下降,一夜之间,股票价格缩水50%,为此他不得不辞去公司职务。在他辞职后不久,"拉特纳斯"的名字从800家连锁商店的门上被取下。

以上还都是在公开语境中的失言,其实,如今公域与私域的边界正在模糊,饭局中的小视频、微信对话截屏、私人谈话录音等资料的泄露事件,几乎每个月都会出现几起,它们都给当事人造成了很大困扰 。

那些将私人交流情节外泄的人,固然行为不妥,但作为企业家,太过"放飞自我"往往会付出非常沉重的代价。

第 5 章

杀伤力最大的三种危机

― 重大事故且成为公共议题 ―

企业的产品或服务在安全问题上有一个极端比喻：如同身上绑着炸药包，但不知道引线在哪里。企业一旦发生危机，并且成为社会公共议题，引发群体情绪连锁反应，公司也会受到巨大的伤害。

2018 年是中国最大出行平台滴滴的水逆之年。

从 4 月开始，滴滴陆续曝出多起司机与乘客发生激烈冲突的恶性事件。5 月 6 日，一名 21 岁空姐在郑州航空港区搭乘一辆滴滴顺风车赶往市内的过程中遇害，此事发生后，滴滴商誉跌到冰点。

滴滴宣布对顺风车业务全面整改，号称"要对其他平台业务，对全网司机全面审查，用一切手段清理平台上可能的人车不符情况，运营及客服体系全面整改"。没想到，百日之后，类似事件再次发生。2018 年 8 月 24

日，浙江省乐清市一名 20 岁姑娘赵某乘坐滴滴顺风车后失联。8 月 25 日上午，滴滴司机、犯罪嫌疑人钟元在乐清一处山上落网，嫌疑人到案后交代了对赵某实施强奸，并将其杀害的犯罪事实。

令人扼腕的是，女孩本来有数次机会可以逃脱魔掌：她乘坐的顺风车车牌是假的，平台没有核查出；车主作案前一天，另一名顺风车女性乘客投诉该司机有明显的骚扰行为，客服承诺两小时内回复但并未履行，也没有及时针对投诉进行调查处置，司机依然能在平台上正常接单；被害人意识到危险后，几次发出求救信号，平台却没有积极反应，只是例行机械回复，连警方要调取司机的联系电话或车牌号码，平台都数次推诿。在这次事件中，滴滴因为运营中的漏洞，成为悲剧推手。

可想而知，滴滴算是将自己架在了火炉上，谴责之声此起彼伏。创始人程维实名认证的微博出现了许多指责的评论，他的形象已从新经济代表、创新英雄，变成了只追逐商业利益和扩张速度的无良商人。

与此类似的恶劣公共安全事件，很容易引发非理性情绪，但企业最高管理层确实有不可推卸的责任。程维曾说自己是在"血海狼窝"中冲杀出来的，此言非虚，因为五年来，出行领域上演了中国互联网最惊心动魄的"战斗"。现在线上红利稀薄，出行就成为新流量洼地，在这样一个"修罗战场"上搏命，拼的就是圈地够快，出手够重。

极速狂飙中，滴滴产生了一定的动作变形，如对客服不重视，早期顺风车海报中的性暗示等。

在发生这一系列事故之前，滴滴这只独角兽的最新估值已接近 550 亿美元，事件频发后，它需要思考内部用来指引公司发展的核心到底是什么。

类似的案例还不少，特别是在食品、医疗、教育等领域。如 2008 年，三鹿奶粉事件成为全行业危机，民众对国产奶粉的信任几近坍塌；三鹿集团董事长和总经理田文华被刑事拘留，后被判刑，河北省多位官员被撤职、问责。2018 年 12 月，丁香医生一篇《百亿保健帝国权健，和它阴影下的中国家庭》引爆网络，权健违法销售保健品，持直销牌照行传销之实的面目在调查中逐渐浮出水面。2019 年 1 月初，权健自然医学科技发展有限公司实际控制人束某某等 18 名犯罪嫌疑人被依法刑事拘留。

可见，"用户至上"并非对外的一句口号，"优化用户体验"应该作为永无止境的追求方向，保证用户安全是不能逾越的高压线，一旦触碰，轻则伤筋动骨，重则灰飞烟灭。

— 领导者个人形象坍塌 —

企业家的风格决定了企业的风格，企业家的长板与短板也决定了企业的成败，这一点全球亦然。我职业生涯中的大部分时间都在研究不同领导者的特质，这是个令人着迷的话题。

几乎没有一个企业家有着世俗意义上的"完美性格"，他们有人粗暴严苛，有人以自我为中心，有人过分完美主义，有人受到焦虑症或忧郁症的困扰……但这不一定会影响其成就，甚至某些场景下还能成为其助力。

不过，有两种原因，很容易让企业家和公司的形象遭受致命打击。

首先是失去诚信。以成败论英雄过于市侩，但如果一个创业者多次失信，就会被江湖抛弃。在资金链断裂之后，虽然债主堵门，但贾跃亭并未立刻信用破产，即使其造车计划一再跳票，依然有很多人相信他在美国是为了梦想。但当他和孙宏斌、许家印这两个股东先后反目之后，大家才意识到，他口中的梦想实在不足以让人信任。

2017 年 1 月，孙宏斌和贾跃亭共同举办新闻发布会，宣布融创出资 150 亿元入股乐视，孙宏斌如此形容他和贾跃亭的关系："有些人认识很多年，你还是觉得陌生；有一些人一见面，经过短时间的交往就觉得很亲，像兄弟。"根据孙宏斌回忆，他第一次跟贾跃亭谈了六七个小时，谈完之后，就有了投资冲动。

在 2017 年 9 月 1 日融创 2017 年中期业绩会上，已成为乐视网董事长的孙宏斌谈到贾跃亭时数度哽咽，称此前一再建议他断臂求生，结果对方"连一片羽毛都不愿失去"。

看完孙宏斌的发言，就会发现他对贾跃亭还留有一定余地，但透露出的信号显然是对其意见已很大。

贾跃亭受到的又一次暴击来自与许家印的合作，这次打击来得更快。2008 年 10 月 7 日，黄金周最后一天突然爆出猛料，恒大健康（00708.HK）发布了一则公告，措辞严厉如同檄文，指责贾跃亭耗尽恒大 8 亿美元后，又向恒大提出再提前支付 7 亿美元，未达目的后于 10 月 3 日在中国香港仲裁中心提出仲裁，要求剥夺恒大作为股东享有的融资同意权，并解除所有合作协议。这距离 2018 年 6 月 25 日，恒大健康以收购香港时颖公司股权的方式，曲线入股法拉第未来（Faraday Future，简称 FF）还不到 4 个月。

两次争执中，贾跃亭本人都没有公开反击。坦率说，他肯定不愿意从自己创立的企业中出局，所以每次都想为保留控制权背水一战，而孙宏斌和许家印都是强悍的企业家，双方必有激烈的控制权冲突。但至此，贾跃亭和投资人的故事，已被定义为"东郭先生和狼""农夫与蛇"。当一个人被贴上"腾挪资本掏空上市公司""挪用子公司资金致其濒临破产""拖欠众多供应商款项不还"的标签、8 次被列入失信被执行人名单，他如何能再找到公司的救命钱呢？

企业家使自己及公司形象遭受打击的另一个原因是行为不检。当企业家的私生活与法律或道德发生冲突，私事就不再是私事了。

私生活中的问题一旦曝光，冲击往往比商业上的失败更惨烈。2017年 10 月，《纽约时报》和《纽约客》报道数十名女性声称遭到米拉麦克斯影业公司联合创始人、韦恩斯坦公司创始人、电影制作人哈维•韦恩斯坦（Harvey Weinstein）的性骚扰、性侵，接着，好莱坞其他一些女性也表示有过类似经历。随后，韦恩斯坦被他的公司和美国电影艺术与科学学院除名，妻子乔治娜•查普曼（Georgina Chapman）宣布和他离婚。

韦恩斯坦是当今世界电影界极有影响力的人物，多年来，他领导制作和发行了大量经典电影，赢得了"现代电影的挽救者"的美誉。不过，由于性骚扰指控的出现，他二十多年积累的赞誉和树立的形象将毁于一旦。

上市公司的风险，不仅来自公司运营管理，还与企业高层的私生活密不可分，若处理不慎，会引发股价变动、股份变更。在美国，一些"浪漫关系""紧密关系""暧昧关系"都被视作危险关系，一旦越界，还会招致天价罚单。

行为不检还包括对基本规则的漠视，李一男就是其中的典型。他少年得志，从华为高调出走，创立港湾，成为令任正非最恐惧和愤怒的对手，后来，港湾网络被华为收购，李一男被任正非击溃于羽翼丰满之前，后来在职场辗转，都不得意。在 2015 年 6 月，李一男创办的牛电科技发布了旗下首款产品。发布会上，他痛彻心扉地反省："你要问我心里疼不疼，真疼啊！但是我想，谁没有在年轻的时候经历过彻骨的疼痛呢？"这简直像个预言，发布会结束第二天，他就被带走，最后因内幕交易罪获刑两年半。

以李一男的地位和影响力，因为 700 万元的获利犯下低级错误，身陷囹圄，令人费解。

行为不检的第三种表现是出现断崖式下跌。这种情况最容易出现在从高光时刻到至暗时刻的转换中。企业的衰亡往往是个漫长的过程，形象在这个过程中会逐渐龟裂。特别是当一家公司曾频频出现在聚光灯之下，它从舞台上跌落时更容易遭遇群嘲。

ofo 创始人戴威对此或许深有感触。2016 年，他还是北大毕业的天之骄子、最有成就的 90 后创业者、共享经济的标杆、投资人争夺的优质合作伙伴。从 2018 年开始，随着 ofo 资金链日渐紧张，戴威的形象日趋负面。从 2018 年 11 月中下旬开始，ofo 被接连爆出多项问题：被多家法院列入被执行人、押金 99 元提现变 97 元、退押金难、印度资产被收购、无法在线退款、用户组团退押金、戴威被列入"老赖"名单等。

在接连暴露的问题和批判声中，舆论从商业反思转向娱乐段子，后来慢慢失控。有人为 ofo 定制营销广告＋退押金的创收方案，有人嘲讽戴威、编纂各种"老赖"的段子，甚至起底戴威当年花 50 万元贿选北大学生会主席等事件。

我们要清醒地意识到，创业是一件失败率极高的事，需知我们的生活本身并不是由成功的泡沫组成的，失败才是我们生存的基本经验。理论上讲，如吴晓波老师所描述的，一个创业者的野心与梦想，甚至他们的浮躁及幼稚，都不应该受到嘲笑和轻视；但现实中，我们往往必须在一个对失败缺乏宽容的环境中冒险。

— 连环危机 —

危机都是连环出现的。形象如同堡垒，只要被攻破一处、打倒一次，立即会威信大失。形象建设必须不断巩固，市值才能不断升高，一旦出现损伤，要尽快止损，否则企业很容易冰消瓦解，很快就会跌到起点之下——与股市不同的是，形象市值可是 24 小时交易，没有涨停板，也没有跌停板。

危机最初往往如水坝上一条细小的裂痕，慢慢扩散，突然释放。古英格兰有一首民谣："少了一枚铁钉，掉了一只马掌；掉了一只马掌，丢了一匹战马；丢了一匹战马，败了一场战役；败了一场战役，亡了一个国家。"故事出自英国国王理查三世逊位的史实。公元 1485 年，国王理查三世与里奇蒙德伯爵亨利带领的军队在波斯沃斯决战。战前，查理让铁匠给自己的战马钉马掌，铁匠钉到第四个马掌时，差一个钉子，便偷偷敷衍了事，结果大战中一只马掌忽然掉了，国王被掀翻在地，王国随之易主。因为一枚钉子丢了一个国家的故事，在商业世界中屡见不鲜。

2017 年 6 月，Uber 创始人特拉维斯·卡兰尼克（Travis Kalanick）辞去 CEO 职务。在此之前，公司 CTO、COO、CFO 也都先后离开，这家估值接近 700 亿美元的公司达到了有史以来最接近无人驾驶的情况。

这是一连串负面事件相继爆发、层层发酵的结果。

第一个打击发生在 2017 年 1 月，美国总统特朗普针对七个国家颁布禁令，引发纽约市出租车司机针对肯尼迪国际机场接送服务的大罢工，此时，Uber 却宣布自家会继续提供机场接送服务。随即，社交媒体上展开了轰轰烈烈的"删除 Uber"（"Delete Uber"）活动，那个周末，Uber 出行量锐减 10%，据说超过 20 万用户删除了 Uber 的应用。

2 月，一位前 Uber 女性工程师苏珊·福勒（Susan Fowler）公开发文，称自己在 Uber 受到性骚扰，但 Uber 对此视而不见，甚至将她称为"一个麻烦"。苏珊还以自己为例，描述了这家科技公司等级划分、钩心斗角和性别歧视等恶劣内部氛围。此文引起席卷社交网络的风暴，对 Uber 产生了极大影响。

同在 2 月，彭博社曝光了卡兰尼克和一名 Uber 司机的争吵视频，卡兰尼克个人形象再次遭到重创。在视频中，司机向作为乘客上车的卡兰尼克抱怨 Uber 要求提高服务标准，但同时降低了收费，这影响了 Uber 专车司机的收入。面对司机的抱怨，卡兰尼克并未耐心倾听，反而与之当面争吵、甚至爆出粗口。视频曝光之后，出租车司机团体表示强烈抗议。

2 月底，Google 旗下的无人驾驶汽车公司 Waymo 把 Uber 告上法庭，称 Google 前高管安东尼·列文道夫斯基（Anthony Levandowski）在离职前窃取了公司的机密技术信息，成立了自己的无人驾驶公司 Startup，并把 Startup 卖给了 Uber。这就是说，Uber 使用了从 Google 非法获得的技术资料来研发无人驾驶技术。

到了 3 月，有媒体爆出，Uber 使用内部秘密工具 Greyball 在政府调查人员面前玩了数年"猫和老鼠"的游戏。这本是公司研发出来用以应对不良乘客的工具，后来竟被用于阻止监管机构对 Uber 的调查，美国司法部对此进行立案调查。

6 月，Uber 解雇了亚洲业务副总裁埃里克·亚历山大（Eric Alexander），他向卡兰尼克等人捏造了强奸案受害女性的医疗记录，称这起强奸案是由 Uber 的竞争对手捏造的。

到 2017 年 6 月 7 日，Uber 1.4 万名员工接受了性骚扰的调查。Uber 发言人称，调查中共发现 215 项投诉，其中有 100 项投诉并未得到回应。这些投诉并非全部都是性骚扰，还包括报复行为、歧视及其他问题，有 20 余名职员包括高层被解雇。

如果将视角再向前推，会发现水坝的第一条裂痕早就出现了。2013 年，美国东海岸遭遇暴风雪，Uber 动态定价系统遭到用户抨击，卡兰尼克却用一些术语回应用户的批评，认为自己的做法符合经济学规律。2014 年 12 月发生的悉尼劫持事件，Uber 因动态定价饱受指责。警方当时封锁了市区 CBD 部分地段，并让附近居民离开，此刻人们却发现 Uber 坐地起价——起步价涨了 3 倍，从 25 澳元涨到了 100 澳元。

2014 年，印度德里一名 Uber 司机强奸了乘客，公众批评 Uber 在保障乘客的安全方面做得不够，因为该司机 2011 年开出租车时就强奸过乘客。这起事件发生后，德里政府在本地区短暂禁止了 Uber 租车服务。2016 年 3 月，BuzzFeed[①] 网站获得的 Uber 用户支持平台数据显示，在 33 个月的时间里，Uber 共接到 6 160 起包含关键词"性骚扰"的投诉，而包含关键词"强奸"的投诉就有 5 827 起。Uber 则驳斥了这些数据，认为只有 5 起强奸案指控以及不超过 170 起性骚扰指控属实。

针对 Uber 的批评从未间断过，内容包括歧视女性、无视劳动者权益、不安全、不道德等，而卡兰尼克的应对方式永远是强硬回击。他还真是条"硬汉"，当有人说他是自由主义者时，他便故意把自己的推特（Twitter）封面换成安·兰德[②]；当有人投诉动态定价不道德时，他就让当地运营团队直接给顾客免单，但在动态定价上并不让步。

这与卡兰尼克的创业经历有关，他早年可以算得上是最悲催的创业者之一，经历过被投资人坑，被大公司告，被合伙人出卖，被员工算计……总之，你能想象到的创业倒霉事，他几乎全遇到过。于是卡兰尼克得出一个人生哲学："如果你不够强硬，会有很多人要来取代你"，必须"不惜一切代价争取胜利"。

创立 Uber 以来，他开创了硅谷中罕见的高压文化：内部不择手段竞争、以结果为唯一导向。卡兰尼克的信条就是"增长高于一切"，这让 Uber 获得了奇迹般的高增长、高营收、高估值，成为最具光环的独角兽、

---

① BuzzFeed，美国一个新闻聚合网站。
② 安·兰德（Ayn Rand），著名公共知识分子，在哲学和小说里强调个人主义、理性的利己主义。

新经济的代表。这也让公司内部狼性十足,员工为上位不择手段,用各种招数完成绩效。如此压力之下,内部就出现了各种缓解方式:员工们酗酒、赌博甚至吸食可卡因,性骚扰事件更是层出不穷。

卡兰尼克在此之前也说过:"我意识到一些人形容我是个混蛋。我愿意承认自己不完美,也承认 Uber 这家公司不完美。而且和每个人一样,我和 Uber 都做过一些错事。但是在 Uber,我们都愿意努力从错误中学习和成长。"

在公司高速发展期,这些问题都被成长暂时掩盖了,连他苍白无力的道歉都被视为真性情。可当增速放缓、IPO 遇阻等情况出现时,各种沉疴终于在 2017 年集中大爆发。

Uber 的案例是否有些眼熟?在中国,我们也往往能感觉到某些大公司出现了所谓的流年不利的局面,各种负面事件连环爆发,其实这只是在"还债"。

第 6 章

两件避弹衣

事态发展总是瞬息万变，临时应对起来难免慌手慌脚，但如果你早做安排，就可以减少伤害，甚至能扭转局面。

— 轻足迹响应机制 —

什么级别的危机会触发哪一级管理者？某种情况下不同管理者有怎样的权限？出现了某种情况需要怎样应对？这些都要提前界定，以避免发生事故后，要么所有人一拥而上，互相干扰，要么所有人都保持沉默，坐视最恶劣后果的发生。简而言之，就是对外用户知道在发生问题的第一时间该找哪个部门，对内员工知道在发生问题的第一时间该告知哪个领导，而在所有的节点上都知道应该如何做出得体的反应。

这套响应机制不一定对照公司内部流程按部就班，可以尝试轻足迹模式。

轻足迹理念由位于美国宾夕法尼亚州的陆军军事学院（US Army War College）最先提出，学院向学员明确指出，他们是为了适应一个 VUCA[①] 的世界而受训。罗兰·贝格管理咨询公司全球首席运营官常博逸后来写了《轻足迹管理：变革时代的领导力》一书，提出商业世界同样具有 VUCA 这一特点，企业因此也可以、并应该采用这一模式。

不难看出，危机就是一个典型的 VUCA 场景，因此，在应对危机时，可以借鉴轻足迹管理中领导力模块化、合作灵活化等方式。

这就如同军队中的小型精英突击队，每一单独板块都跨领域、高度自治，但又由中央部门统一协调。危机管理中的轻足迹，意味着处理问题可以从层级向模块转变。处理危机可能需要公关、法务、产品、人力资源等多个部门协作，严重的危机需要董事会做出反应，如果按部就班请示汇报，很可能错过最佳时机，因此，危机管理最适合转变为跨领域、自治化的模块结构。同时，轻足迹架构可以通过灵活合作实现按需扩张，这借鉴了美军军事行动规则：过去需要转移整个部队，如今可以精准、快速地部署小型精英部队。

我们可以从万科处理危机的过程中看到轻足迹是如何落地的。

万科创立于 1984 年，是明星企业、龙头公司。所谓树大招风，这样的公司在危机中更容易受重击，2012 年，它就陷入了"毒地板"门。

2012 年 2 月 16 日，有人在网上发了一则爆料，指出万科不少全装修房项目中，大量使用安信品牌地板，这些地板甲醛严重超标且面层厚度不

---

① VUCA 是 volatility（易变性）、uncertainty（不确定性）、complexity（复杂性）、ambiguity（模糊性）的首字母组合。

足，使用寿命仅为合格产品的两成。

"甲醛＋万科"，这无疑是一枚重磅炸弹的引线，不过万科有着成熟的拆弹程序。事件爆出当天下午，万科立刻召开紧急会议。初步判断公司的采购管理、质量控制体系没有漏洞，出现系统性风险的可能性极小，但对网上爆料中"内幕"的真实性，公司并没有能力百分之百进行验证。

这种情况下，万科依然启动紧急调查程序，时任总裁郁亮说："事件发生后，我们没有浪费一分钟。"万科封存了已采购但尚未安装施工的安信地板，对所有批次的安信地板展开复检，同时还启动了对相关采购管理工作的内部调查。

为获得更全面的资料，万科还尝试通过电话、短信联系发帖人，但始终未能与对方取得联系。第二天，万科公布了采购安信产品的所有项目名单，共涉及 16 个城市、29 个项目，首批复检地板当日被送往质检机构。万科还决定将全部质疑地板送检，每天出炉的检测报告，均及时予以公布。

彼时已"退居二线"的万科董事长王石取消了其他活动，投入"毒地板"事件的处理工作中。王石充分利用自己的大 V 身份，在微博上表态：一旦发现产品问题，万科将承担全部责任，维护消费者权益。他还表示，即使是 1% 的差错，对消费者而言就是 100%。万科同时公布了 2009 年至 2011 年，万科采购安信地板的总额与项目情况。

2 月 22 日，万科公布首份楼盘地板取样报告，报告显示甲醛含量没有超标，接下来，根据事态发展，它灵活地与供应商安信地板做出了危机切割。

2月29日，安信地板公司在上海召开发布会，其董事长兼总裁卢伟光表示，通过上海市质量技术监督局的抽检，安信有三个批次的地板分别存在多层实木枫木不符合、项目名称标识不符合、宽度尺寸不符合以及产品生产及销售情况不符合的小问题，但未出现甲醛超标的情况。

不过，3月1日的检测结果显示，佛山万科有一个楼盘使用的安信地板甲醛含量超标。当天下午拿到检测报告后，万科面临一个抉择：是否披露。

他们立刻启动了应急预案。总部工作小组当天就赶到佛山，万科集团总裁郁亮在3月2日的媒体见面会上向业主道歉，并愿意承担全部责任。万科承认采购环节出现疏忽，但经过检验，整个采购体系没有大问题，万科有相互制衡的采购体系，还有审查与检查机制。

截至3月4日，万科累计公布了64份复检报告结果，其中63份符合国家标准，只有一份报告表明甲醛释放量超出国家标准。这一份报告对万科而言，不合格率是1/64，对安信而言，这却意味着是100%的错误。

万科是房地产开发商，地板出了问题，虽然也有不可推卸的责任，但责任主体依然是安信。这并非推卸责任，而是做了合理的防火墙。

牵涉进"毒地板"事件的地产公司有多家，唯有万科将风波变成了商誉加分项。别人只羡慕王石登山、郁亮长跑的潇洒，但如果没有这套应对危机的机制，可能等他们从没有信号的珠峰上下来，或者跑完一个马拉松，公司负面新闻早就刷屏了。

记得郁亮曾和我如此分享他登山的经历："登山与企业管理是互通的。登珠峰是九死一生，要保证安全，就必须把控制风险的能力练习得强一些。企业领导要时刻保持危机感，只有怕死才会进行风险管理。所以，我是在用管理的经验去登山。"

— 提前积累有助于舆情管理的人脉 —

所谓"行下春风望夏雨，采来秋果避冬霜"，人脉可以成为你一脚踏空时的安全网——当你人在空中时，再想编网肯定来不及了。

构成人脉网的包括主流媒体、自媒体从业者、意见领袖、行业专家等。需要特别说明的是，此处人脉网是指价值网，而非价格网，平时不做价值传播，最后却寄希望于做价格传播是一条险途。最好的建构方式并非吃吃喝喝，一是要有核心行为，二是要有一定频率。

大公司通常都有维护类似人脉网的核心行为，如与商学院合办培训课程，组织了解公司业务的调研等。还有一些公司会小范围组织主要创始人和意见领袖座谈，并没有具体的报道诉求，只是交流，可能涉及"内幕"，也并非信息单项输出。公司能借机听一下外部对自己的评价与建议，了解别人眼中的自己。核心行为需要一定频率来维系，信任的基础在重逢，如果总不见面、不沟通，再亲密的关系也会疏远。如果要和一个陌生人成为朋友，至少需要三次见面、超过八个小时的交流。你会发现，在舆情管理这个圈子中，有人如同百晓生，方方面面无不熟络；有人则盲人瞎马，根本不知从何处发力。差别在关节处显现，但功夫都来自平时。

所有的权谋之术都离不开构建人脉，有本畅销书叫《硬球：政治是这样玩的》，风靡一时的美剧《纸牌屋》从此书中获得了很多灵感。硬球指政界人物为了胜出、权力与成就而展开"硬碰硬"或"打硬仗"的激烈游戏。世界就是一个大球场，或者说是许多球场，只有那些能玩硬球的人才能赢得比赛。

在硬球世界里，寻找盟友永远是最有利的武器。《硬球：政治是这样玩的》一书的作者克里斯·马修斯（Chris Matthews）就是硬球理论的实践者。20世纪70年代初，马修斯口袋里揣着200美元来到华盛顿，雄心勃勃地希望进入政坛。他在华盛顿没有任何关系，他列了一个从他的家乡和周围地区来到华盛顿的民主党议员名单，一个一个地联系、拜访。在口袋里只剩下80美元的时候，他找到一份在国会山做警察的工作，每天下午3点到晚上11点执勤，上班以前的时间在某位参议员的办公室工作，这给了他不断扩展人脉的机会。这段经历开启了他的政治生涯，他数十年活跃在华盛顿政治高层，经历、目睹了许多政治人物的沉浮成败。

如果人脉网足够宽广，可能解决不同问题都很容易。建立这张网，即使关键时刻不会多一个替你说好话的人，也能减少一个跳出来骂你的人。

想一想

1. 关于危机的征兆，除了本书列出的四种，你还有哪些补充？

2. 产品或服务产生重大问题，并且成为公共议题，是杀伤力很大的一种危机，应该怎样减少这种危机造成的影响？

3. 扮演危机小组组长的角色，应该具备哪些条件？

IMAGE   VALUE

03

如何从形象废墟中
站起

总结逆转的经验比总结失败的教训更难，因为前者是若干因素的集合，包括意志、技巧与团队协作，当然，还需要一点运气，而后者只需要一击就够了。

> » 信息传播已进入"十倍速"状态，你面对的时间刻度不能是"天"。如果要给出具体的建议，那第一就是回应速度越快越好。
>
> » 知名企业家发生危机，就如同在鲨海中受伤流血，一定会吸引来游弋的鲨鱼，此时说每一句谎言都如同再制造一道伤口。
>
> » 你一旦表态，之后就不应该偏离最早的说法，做出第一个解释后，这个解释就会贯穿整个过程。
>
> » 如果认真研究公司回应，你会遗憾地发现，一半以上的回应都非常失败，并会引发新一轮话题。
>
> » 交给时间当然没错，但此处有一个前置条件：你依然需要一次清晰、诚恳，甚至高昂的回应。

即使你做好了一切准备，黑天鹅①还是会出现，并可能摧毁你的所有防线。危机一旦发酵，会成为挥之不去的噩梦，对个人形象与企业形象造成永久伤害，就算随着时间的流逝，表面看似已经愈合，但在外部刺激下依然会复发溃烂。

所谓水向下流易，人向高处难。形象一旦受到伤害，即使付出三倍的努力都未必能恢复。而形象又很脆弱，它就像一个巨人，越是高大强壮，越是遍布死穴。

但是，总有人能承受伤害，并从废墟中站出来。实际上总结逆转的经验比总结失败的教训更难，因为前者是若干因素的集合，包括意志、技巧与团队协作，当然，还需要一点运气，而后者只需要一击就够了。

---

① 黑天鹅指不可预测的重大稀有事件，它在意料之外，却又改变一切。——编者注

第 7 章

危机中降低形象损害的七条定律

要在险象环生的环境中保护好形象，需要做到如下七点。需要特别说明的是，本书讨论的并非公关技巧，不会探讨 SEO 压制、分类信息群发等具体的技术问题——犯了错误后，"打地鼠"的游戏或许会缓解阵痛，但一定会有更多地鼠冒出来。

— 速度制胜 —

如果还有人认为，危机处理反应速度应该遵循黄金 24 小时法则，那就如同生活在石器时代。

信息传播已进入"十倍速"状态，你面对的时间刻度不能是"天"。如果要给出具体的建议，那第一就是回应速度越快越好。

1992 年，克林顿竞选总统时，建立并运用了"作战指挥室"——在位于小石城的竞选总部办公室，有二十多人昼夜守候，根据需要展开应急反应，他们被要求在新闻爆出之前进行更有力的反击，这样就能在受到打击之前有所防范。

克林顿竞选团队的基本观点是，每天至少有三个新闻周期——早上、白天和晚上，团队能够以此来带动事件发展与消息传播，来影响晚间新闻与早报的覆盖范围。要知道，当年克林顿竞选总统可谓热点频出，夜总会女歌手珍尼弗·弗劳尔斯就在竞选的关键时刻，向媒体曝出她和克林顿之间的婚外情，震惊了整个美国。

克林顿马上对弗劳尔斯的曝料予以否认，并且和妻子希拉里在高收视率时事节目《60分钟》中公开承认婚姻确实出现过问题，但彼此仍然相亲相爱。

节目录制期间还发生了一个小意外：有东西从录像室的天花板上掉下来，克林顿眼疾手快地把希拉里拉过来搂在怀里，这护妻情切的一幕在亿万观众眼前上演，风波渐告平息，他有惊无险地当上了美国总统。这一系列策划，"作战指挥室"功不可没。[1]

克林顿调快时钟的做法在当年可谓革命性之举，但现在已落伍了。引领舆论的不再是传统的新闻周期，而是无时不在、无处不在的传播新特点。类似Twitter、YouTube、博客、Facebook这样的平台，当然国内还有微信、微博、知乎等平台，它们就像钟表上的一个个小齿轮，驱动着一套无形的系统运行。

信息流动如此之快，人们往往还没有搞清楚自己收到的信息是否准

---

[1] 此案例收录于克里斯托弗·勒翰所著《斯坦福大学危机管理课》一书。

确，就凭感觉做出了决定与行动。就像 2008 年，当贝尔斯登、梅林、雷曼兄弟三家公司财务状况不佳的消息以光速传遍华尔街时，他们还没有来得及做出任何反应就迎来了毁灭性打击。

10 年之后，时间似乎跑得更快了，滴滴顺风车乐清司机强奸杀人案在 2018 年 8 月 24 日 11 点 30 分由警方通报，当日，滴滴方面不到下午 3 点就发出了第一份声明《对于乐清顺风车乘客遇害的道歉和声明》，速度不能说不快，但在不到 3 个小时的时间内，这已成为轰动全国的恶性事件。

— 切勿掩盖 —

最愚蠢的行为是在危机中用一个谎言掩盖另一个谎言，这会将你拉入泥泽而不可自拔。知名企业家发生危机，就如同在鲨海中受伤流血，一定会吸引来游弋的鲨鱼，此时说每一句谎言都如同再制造一道伤口。

2014 年 4 月，聚美优品在纽交所上市，成为中国首个赴美上市的垂直化妆品电商，当时其发行价为 22 美元，市值超过 35 亿美元，创始人陈欧号称纽交所历史上最年轻的上市公司 CEO 。但从上市之初，关于聚美优品有假货的质疑声就从未间断，这与 2018 年拼多多 IPO 后遇到的挑战有点类似，只是陈欧应对得更为笨拙。

他自己霸气回应，冲到一线，直接回怼，可此刻用户根本不接受他的说辞，他个人数千万的微博粉丝也没有产生保护和缓冲作用。疑问越来越多，甚至有人自称聚美优品内部员工，在天涯社区爆出聚美的假货比例高达 90%，并晒出了聚美优品采购单，还爆料聚美优品供货商走私 2000 万元化妆品被海关查获，而陈欧只是回应都是竞争对手所为。

最火上浇油的做法是，聚美优品将责任推给第三方，称一些被主流媒体曝光的假货由第三方在聚美平台销售，他让销售方联系消费者，这一行为最终导致一系列化妆品牌跳出来说自己根本没和聚美优品合作。

更重一击发生在 2016 年 2 月，陈欧和管理层及投资人提出以 7 美元作价，将聚美优品私有，退出美国股市。回购价格虽然比前十天均价高 27%，但远低于 22 美元的发行价。此举惹来中小股东们的强烈反对和不满，中小股东集合起来组织维权。

2 月 26 日中午 12 点，投资者在聚美优品办公楼下。面对中小投资者的不满及公开信，陈欧及聚美优品方面未做出任何回应。最终聚美优品股价再次下跌，导致私有化失败，陈欧陷入信任危机，有人给他起外号叫"陈七块"，将聚美优品称为"巨没有品"。

— 了解全貌 —

战士不会拿着未上膛的枪上战场，但在危机处理中我们却常犯类似错误，即只记住速度优先，忘了要在了解事态全貌后再做出反应，如果只抓住一个片段就发声，很可能会犯错误。

危机发生后的第一反应不应该是研究如何写好一份对外声明，而是要用最快的速度完成一份详情报告，包括历史因素、直接诱因、事态发展预测等，并保证处理问题的每一个节点都有足够的信息。

英特尔创始人安迪·格鲁夫（Andy Grove）的回忆录记录了 1994 年 11 月英特尔经历的一场危机。当时，英特尔因为一个小小的芯片缺陷，差点全盘崩溃。格鲁夫由此反思，"要穿越战略转折点为我们设下的死亡之谷，能够识别风向的转变，并及时采取正确的行动以避免沉船，这对于一家企业来说至关重要"。

1994 年，英特尔公司正处于发展高峰期，此时它创办已有 26 年，已成为收入超 100 亿美元的计算机芯片生产厂家，在全球首屈一指。英特尔领导生产了现代技术中两项最重要的组件——存储器芯片和微处理器。当时，英特尔的业务大多围绕微处理器开展，业绩相当不错，效益也好，年增长率大约 30%。

这一年对英特尔来说相当不寻常。就在这一年，他们把最新一代微处理器——奔腾处理器——投入全面生产。这个项目非常重要，牵涉千百家直接客户，也就是计算机厂家。英特尔在全球建立了 4 个生产基地，该项目取名叫"1 号任务"，目的就是让所有雇员都明白此事到底有多重要。

在这种情形下，麻烦出现了。在一个由对英特尔感兴趣的人组成的互联网论坛上，一些雇员就听到了关于"奔腾 FPU① 中故障问题"的评论。一位数学教授告诉他们，奔腾芯片在数学运算上存在问题。这位教授说，他在研究一些复杂的数学题时，机器出现了除法错误。

这个问题对外行来说有点专业，但对格鲁夫并不陌生。早在数月之

---

① FPU 是浮点运算器的缩写，也就是芯片中处理重荷数学运算的部分。

前，他就遇到过这个难题。其实这个问题的发生概率很小，它是由芯片上一个微小的设计错误引起的，在 90 亿次除法运算中会出 1 次错误。最初，英特尔极为重视这件事，还专门组织人员研究这个问题，想弄清楚 90 亿次运算中的 1 次错误究竟意味着什么。研究的结果使他们松了一口气。比如说，使用空白表格程序的用户，平均会在使用该程序的每 7000 年遇上 1 次计算错误。于是英特尔一面摸索和试验其改进方法，一面把该芯片投入市场。

可他们忽略了外界对这件事的重视。有关此事的讨论引起了财经新闻界的注意，《商业周刊》的头版头条详细而且准确地刊登了这些评论，指出英特尔的回复都是列举这些数字，并没有真正理解这些质疑的含义与后果。

之后的几天，许多大型报纸都开始报道这件事情，标题有的是"奔腾芯片出现故障，计算准确性无法保证"，有的是"奔腾芯片：买还是不买？"电视台的记者们埋伏在英特尔总部外面，每一个美国人似乎都对此大感兴趣。接着危机又蔓延到其他国家。用户开始要求英特尔更换芯片，人们从世界各个角落打来电话询问情况，英特尔的其他用户也想知道发生了什么事情。

因为没有看到问题的全貌，英特尔自己的雇员也感到惶恐。这些年，公司的业务蒸蒸日上，他们的经验就是：只要努力工作，一步一个脚印走，就能有好收成。现在，预期的成功忽然成了泡影，一切变得不可捉摸。员工们心神不宁，甚至感到恐惧。即使他们走出公司大门，回到家里，还要面对朋友和家人奇怪的目光，他们或谴责，或不解。

格鲁夫的日子当然也不好过。他已经在英特尔待了 30 年，这期间也经历过一些严重的业务困难，但这一次非同寻常。他白天拼命工作，回家的路上却立刻感到情绪消沉，他感到自己仿佛被敌军围困，仿佛遭到狂轰滥炸。可为什么会发生这样的事呢？

最终结果是，英特尔耗费巨资——已达 4 .75 亿美元之多——主要是更换部件的费用，也包括从生产线上拆卸下来的旧材料的价值，这相当于研发部门半年的预算，或奔腾处理器 5 年的广告费用。

更重要的是英特尔公司的外部形象严重受损。格鲁夫自认为英特尔是一个充满活力和创造力的新企业，而如今，外界似乎把英特尔视为大公司的典型，并且，公众认为这个大公司在闪烁其词，推诿搪塞。

出了什么事？现在怎么会这样呢？这一次哪里出了问题？格鲁夫追问自己，但是找不到答案。

一年之后，他再回想这件事时，终于看到了事情的全貌：小小的浮点差错只是表象，将之升级为 6 周内损失 5 亿美元局面的原因是英特尔失去了敬畏之心。

第一个因素就是英特尔企图改变产品形象。几年前，英特尔开展了一次关键的销售活动——IntelInside 项目。这是计算机工业有史以来规模最大的运动，其目的是告诉计算机用户，他们计算机内安装的微处理器是英特尔处理器。英特尔为了打出牌子耗资甚巨，世界各地都竖立着写有"IntelInside"的广告牌，它用不同语言在电视上做商品广告。在中国，它发送了成千上万带有"IntelInside"字样的自行车反光罩。英特尔从幕后走到了台前，也就成了靶子，一旦品牌产品出现问题，用户就直接把矛头指向英特尔。

造成这次大破坏的第二个根本原因就是英特尔的规模。这些年来，英特尔已成为世界最大的半导体生产厂家。那些几年前还被英特尔视为庞然大物的美国公司、厂家，在规模上已被英特尔超越。英特尔的发展速度超过了多数大公司，不仅如此，其规模也在自己大多数企业客户之上，这就像长大了的孩子忽然低下头看他的父亲一样。

英特尔过去是一家藏在大公司背后的大公司，自己评定产品的优劣，自己制定质量标准和特殊要求，并把它认定合格的产品装船运输。总之，它拥有绝对的权利与义务来判断产品的优劣，之前，没有人对这种权力表示怀疑，英特尔的判断也通常是准确无误的。如今，长大了的英特尔忽然成了众矢之的，人们似乎在说："你有什么资格告诉我们孰优孰劣？"所以，当危机突然产生后，英特尔发现到处都是自己的敌人，根本没有盟友。

认识到这次错误是英特尔的巨大转折点，它由此走上了全新的发展之路。

— 不挤牙膏 —

了解全貌之后，第一次表态很重要，因为你一旦表态，之后就不应该偏离最早的说法，做出第一个解释后，这个解释就会贯穿整个过程。如果随着事实逐渐披露而一点点进行挤牙膏式的回应，就会被动挨打。

2018 年 10 月 20 日，马蜂窝突然成为注意的焦点。微信公众号"小声比比"发布了一篇题为《估值 175 亿的旅游独角兽，是一座僵尸和水军构成的鬼城？》的文章，直指旅游社交分享网站马蜂窝上的 2100 万条"真实点评"中，有 1800 万条都是"通过机器人和从点评、携程等竞争对手那里抄袭过来的"。

此文取证扎实，认为马蜂窝点评增长趋势诡异，比如，点评的数量会在特定时间节点呈"指数级上升，随后断崖式回落"，并且出现了很多点评账号自我身份矛盾、时间错位的现象。

10 月 23 日，马蜂窝官方微博发布声明，称数据造假指控"言论歪曲事实，为有组织攻击行为"。并且"针对该文中歪曲事实的言论，和已被查证的有组织攻击行为，马蜂窝将采取法律手段维护自身权益"。随后，马蜂窝又回应《中国青年报·中青在线》的记者，承认部分点评造假，已对涉嫌虚假点评的账号进行清理，但认为爆料文章内容片面，存在明显的误导倾向。

首次回应强硬反驳，但接着在访谈中说得似是而非。相比之下，"小声比比"每次回复却资料翔实。

马蜂窝以用户生产内容（UGC）起家，高用户黏性，大量的攻略、游记、点评等内容优势是其变现、维持高估值的主要支撑。评论灌水一事一旦捅破，马蜂窝没有诚恳道歉，只是敷衍地根据情况释放信息，会对商誉造成重大伤害。

如果说了解全貌是要减少困惑，不挤牙膏就是为了减少猜测，我们可以换一个角度来理解此问题。假设你要与合作伙伴签订一份合同，目的是令对方感觉到你的承诺切实有效，而且合同要清晰地阐明你们双方之间的权益与义务。一份好的合同应该列出合作伙伴可能担心、关心的，与产品、服务、风险相关的所有问题，再用可以缓解其恐惧的协议来逐条回应，而不是把疑问留给补充协议。

在公司 IPO 时，招股说明中"风险因素及对策"也是一样，这是发行人就公司可能存在风险的善意提示，投资者通过阅读，可对公司主要风险有清晰的认识，这是招股说明书中最重要的内容之一。"风险因素及对策"由发行人对自身存在的风险进行全面评价，并提出相应对策，也就是一次性从宏观经济形势、产业政策，到具体的市场竞争、技术进步、关联交易等内容说清楚。投资者必须认真阅读，了解每一项风险因素对上市公司的影响程度，以及公司拟采取对策的可行性和有效性。如果一家公司的风险提示过于简单，或过于程序化，投资者就要对其保持警惕。

想象你要穿过湍急的溪流，你需要摆几块垫脚的石头，第一块石头最好又大又稳。

— 诚恳回应 —

讣告难写，在几百字内讲清人的一生，让人记住其生命的弧光并不容易。比讣告更难写的是危机时刻的回应，危机回应的每句话都有可能成为别人攻击你的武器。如果认真研究公司回应，你会遗憾地发现，一半以上的回应都非常失败，并引发了新一轮话题。

海底捞对后厨卫生事件的回应可谓危机回应的经典范本。2017 年 8 月 25 日，以用户至上、用心服务著称的海底捞，被媒体曝出老鼠在后厨地上乱窜、打扫卫生的簸箕和餐具同池混洗、用顾客使用的火锅漏勺掏下水道。

对一家龙头餐饮连锁企业而言，食品安全和卫生是天大的事，严重时可能让商誉瞬间灰飞烟灭，但在此次事件中，海底捞的商誉很快恢复了，在 2018 年上市之前，此事也很少有人提起。其实，海底捞平时对 PR① 没有下力气维护，但当天很快发出一封非常专业的回应声明。其声明全文如下。

关于海底捞火锅北京劲松店、北京太阳宫店事件的致歉信

尊敬的顾客朋友：

您们好！

今天有媒体报道我公司北京劲松店、北京太阳宫店后厨出现老鼠、餐具清洗、使用及下水道疏通等存在卫生安全隐患等问题。经公司调查，认为媒体报道中披露的问题属实。卫生问题，是我们最关注的事情，每个月我公司也都会处理类似的食品卫生安全事件，该类事件的处理结果也会公告于众。无论如何，对于此类事件的发生，我们十分愧疚，在此向各位顾客朋友表示诚挚的歉意。

各位顾客及媒体朋友可以通过海底捞官方网站上的"关于我们 -

---

① PR，公共关系英文 public relations 的缩写。——编者注

食品安全 - 公告信息"或海底捞微信公众号"更多 - 关于我们 - 食品安全 - 管理公告"查询我们已往对于该类事件的处理结果。

这次海底捞出现老鼠，以及暴露出来的其他在卫生清洁方面的问题，都让我们感到非常难过和痛心，今天，媒体的朋友也为我们提供了照片，这让我们十分惭愧和自责，我们感谢媒体和顾客帮助我们发现了这些问题。

我们感谢媒体和公众对于海底捞火锅的监督并指出了我们工作上的漏洞，这暴露出了我们的管理出现了问题。我们愿意承担相应的经济责任和法律责任，但我们也有信心尽快杜绝这些问题的发生。我们也已经布置在海底捞所有门店进行整改，并会后续公开发出整改方案，也希望所有的媒体和支持海底捞的顾客监督我们的工作。

再次感谢社会各界对海底捞的关心和监督。

四川海底捞餐饮管理有限公司

2017 年 8 月 25 日

再看通报。

关于海底捞火锅北京劲松店、北京太阳宫店事件处理通报

海底捞各门店：

今天有媒体报道我公司北京劲松店、北京太阳宫店后厨出现老鼠、餐具清洗、使用及下水道疏通等存在卫生隐患等问题。经公司调查，认为媒体报道中披露的问题属实。

公司决定采取以下措施：

1. 北京劲松店、北京太阳宫店主动停业整改、全面彻查；并聘请第三方公司，对下水道、屋顶等各个卫生死角排查除鼠；责任人：公司副总经理谢英；

2. 组织所有门店立即排查，避免类似情况发生；主动向政府主管部门汇报事情调查经过及处理建议；积极配合政府部门监管要求，开展阳光餐饮工作，做到明厨亮灶，信息化、可视化，对现有监控设备进行硬件升级，实现网络化监控；责任人：公司总经理杨小丽；

3. 欢迎顾客、媒体朋友和管理部门前往海底捞门店检查监督，并对我们的工作提出修改意见；责任人：公司副总经理杨斌；联系电话：4009107107；

4. 迅速与我们合作的第三方虫害治理公司从新技术的运用，以及门店设计等方向研究整改措施；责任人：公司董事施永宏；

5. 海外门店依据当地法律法规，同步进行严查整改；责任人：公司董事苟轶群、袁华强；

6. 涉事停业的两家门店的干部和职工无需恐慌，你们只需按照制度要求进行整改并承担相应的责任，该类事件的发生，更多的是公司深层次的管理问题，主要责任由公司董事会承担；

7. 各门店在此次整改活动中，应依据所在国家、地区的法律法规，以及公司相关规定进行整改。

四川海底捞餐饮股份有限公司

2017 年 8 月 25 日

声明的棘手之处在于，不但要说清楚问题，还要表明态度。难度在于说到什么程度既不给外界留下负向解释空间，又不让人觉得是在敷衍？态度如何表达才能显得公私分明、理性克制？

分析海底捞的回应文本可看出其高明之处，首先敢于承认问题属实，没有辩解，没有解释，而是捅破了气球；其次给用户和媒体提供监督的渠道；然后感谢媒体和公众帮助自己发现问题；最后，在通报中，更是逐条给出具体解决方案，在高管中指派明确的对应责任人。

亮点在处理通报的第 6 条，企业没有把责任推给临时工，而是让涉事停业的两家门店的干部和职工无须恐慌，敢于说出这是公司深层次的管理问题，这种勇气超越了 90% 的公司。

需要提醒的是，公司在遇到危机，又缺乏具体有效的应对措施时，往往会将声明写成"罪己诏"，希望唤起外界的理解和同情，这其实只能再次暴露软肋。

2016 年 11 月 6 日，深陷风暴的贾跃亭发了一封全员内部信，虽然名为内部信，其实是变相的公开回应。他在信中真诚地说现在"如同身处冰火两重天中，在煎熬中颠覆前行"，反思"LeEco 战略实现节奏过快，组织与资金面临极大挑战"，他称七大生态快速扩张要告一段落，本人自愿永远只领取公司 1 元年薪。

贾跃亭反思不可谓不深刻，只是他反思的这些，别人之前几乎都替他反思过了。例如资金链的问题，供应链的问题，战线拉得太长的问题，融资能力的问题，相关批评这几年一直如影随形。可关键在于，贾跃亭现在公开反思，等于验证了一个最严峻的猜测：CEO 无能。他的做法实际是以一个个战术的胜利，来掩盖自己战略的失焦。这样的企业不值得投资，这样的老大不值得追随。

所谓诚恳回应，"诚恳"不是一个很珍贵的品质吗？

确实是，但要看场景。在困难解决之前反思，如烈火烹油，还会稀释内部的凝聚力。

─ 莫以利诱，莫以威迫 ─

希望花钱摆平危机，是很多公司深陷泥潭时的一根救生绳。极少的情况下，这根绳子确实可以把他们拉出来，但它通常只是一根稻草，只会让人陷得更深。

碧桂园在 2018 年事故频发。3 月 6 起事故，8 死 13 伤，关于其资金链紧张的批评也纷纷出现。压力之下，8 月 3 日碧桂园在广州佛山总部召开了一场声势浩大的新闻发布会，本意是回应和澄清，没想到收到了反面效果。

在这场发布会中，碧桂园的高层犯了一系列错误，如道歉不够真诚，却强调碧桂园一直在为社会做贡献；对事故的原因进行各种辩解；最严重的错误是给记者丰厚的伴手礼和红包。

有人算了笔账：200 个记者，伴手礼和红包近 60 万、住宿 10 万元、餐饮 20 万元、机票 30 万元、长隆门票 10 万元、租车费 10 万元。到访的所有媒体，碧桂园包接包送包吃住，只是新闻发布会现场未见一名事故的受害者家属。

金元新闻的时代已经过去，任何有职业底线的媒体人，都不会在此时接受企业的馈赠，这对其个人声誉和职业前途有巨大风险。碧桂园发布会事件的爆出，就是一些媒体人将礼物拍照并发了朋友圈。

应对危机的另一个极端是希望通过强硬的方式令对方闭嘴。合法的方式是发律师函、起诉，如果确实掌握了对方诽谤的证据，诉诸法律是有效的反击手段，但不能将其视为堵塞自己漏洞的工具，更不要采用软、硬暴力兼施的手段。

关于媒体人在采访过程中遇到盯梢、阻挠、追打、抢设备，报道新闻却成了新闻主角的消息，早已屡见不鲜。职业媒体人会将遇到的压制视为一种激励，并不会轻易屈服。对使用特殊手段的企业而言，这些行为一旦曝光，企业的形象市值会受到核爆般的冲击。

即使是对非职业媒体人，也不能随便打压，因为每个人都是一个传播节点。2017 年 12 月 19 日，广东医生谭秦东发布了一篇题为《中国神酒"鸿毛药酒"，来自天堂的毒药》的文章。没想到，这样一篇文章，引来了跨省抓捕。这篇连"茅"字都写错的文章，到秦被控制时一共有 2000 多的点击量。

此事经过意见领袖的关注和转发，又吸引了一些医生、律师等专业人士参与讨论，话题上了热搜。至此，自传播按钮启动，传播走向再也无法控制。网友讨论的焦点从诉讼程序是否正确、谭秦东是否涉嫌诽谤，转移到了鸿茅药酒到底是什么。此时，人们才发现，人民日报社主管、主办的《健康时报》在 2017 年 8 月就对鸿茅药酒进行过报道，文章指出，过去 10

年间，据不完全统计，鸿茅药酒广告被江苏、辽宁、山西、湖北等 25 个省、市级食药监部门通报违法，违法次数达 2 630 次，被暂停销售数十次。

— 截断风暴 —

面对危机，很多人会建议你保持沉默，因为下一个热点可能很快就会出现，所谓事缓则圆，不妨"让子弹飞一会"。交给时间当然没错，但此处有一个前置条件：你依然需要一次清晰、诚恳，甚至高昂的回应，否则时间看似拯救了你，但你留给公众的形象，将定格在耻辱而窘迫的瞬间。

2018 年 5 月初，联想集团遭遇了一场"空袭"。两年前 5G 编码标准投票被旧事重提，并配以惊悚的主题："联想卖国"。

彼时，中美贸易战事正酣，中兴遭遇最严厉制裁，而另一个主角华为，既是民族产业代表，又经常成为联想集团的参照系。与它相比，联想因手机业务下滑、向移动互联网转型乏力等因素备受批评。此背景下"5G 信道标准联想为何联合摩托罗拉（Motorola）不给华为投票""因为联想站队高通，最终导致华为以微弱差距输了"这类言论，成了平地而起的舆情风暴。

此事颇为蹊跷。5G 是个专业话题，投票发生在 3GPP（3rd Generation Partnership Project，第三代合作伙伴计划）这个更专业的话题。而投票涉及的三种编码方案 Turbo code（涡轮码）、LDPC code（低密度奇偶校验码）、Polar code（极化码），则是专业中的专业知识。投票发生在 2016 年，真要说清楚这件事，不但要对通信标准具备一定知识，还要找到两年前的全英文技术文档，而这些文档篇幅动辄数万字之多，如今却被引入公众讨论的范畴。

5月16日，联想以外界没想到的高调姿态回应，已经不再参与联想集团具体事务的柳传志再次出马，联合联想集团董事长兼CEO杨元庆、联想控股总裁朱立南，共同向全体联想人发出了一封题为《行动起来，誓死打赢联想荣誉保卫战》的内部信。

从标题就可以看出，这是一封言辞激烈的信。柳传志在信中写道："兄弟姐妹们，到了我们挺身站出来的时候，朗朗乾坤，如果几万名员工都不能让正气自保，我们还办什么企业，我们就是一群窝囊废！联想的干部要积极行动起来，全体同仁要积极献计献策，万众一心，同仇敌忾，誓死打赢这场联想荣誉保卫战！"为此，他还专门给任正非打了一个电话，任正非认为联想在5G标准的投票过程中的做法没有任何问题，并就联想对华为的支持表示感谢。

这是套组合拳，既有感性表明态度，又有理性解析。联想为此发布了一系列专业文章，从技术层面解析什么是3GPP、投票的逻辑是什么，这些源文件都可以查找，其事实扎实缜密，令人难再有进一步解读的空间。

对于联想在此事件中的表现，见仁见智。有人认为柳传志表现得过于冲动，用了充满战斗性的词汇，但并不了解柳的真实想法。事后的一次交流中，柳传志告诉我，他如此愤怒的原因并不只是有人造谣，而是因为这种谣言影响到一些合作伙伴对联想的认识，对联想业务形成了冲击。他一直秉承"联想就是我的命"，当自己有性命之忧时，怎能不全力反击？

在这种覆盖式回应下，质疑之声很快平息了。

第 8 章

绝地逆袭

塔勒布在《反脆弱》一书中写道：风会熄灭蜡烛，却能使火越烧越旺。随机性、不确定性和混沌也是一样，你要利用它们，而不是躲避它们。

形象管理大师首先要成为反脆弱高手，要在危机中活下来，甚至可以从冲击中受益。每个人的形象各不相同，但企业家必须拥有的形象基因就是足够的复原力与强韧性。

但真正能把自己摔得粉碎的形象重新黏合起来，而且更胜从前的人，实在是少之又少，在此，我们详细分析三个人的形象重建之路。

— 陈冠希，勇于"被消费" —

娱乐圈是非多，最容易摧毁形象的是性与毒品，陈冠希显然是在第一道坎上跌得最狠的人。

2008 年，移动互联网与 PC 互联网刚刚产生交集，智能手机尚未普及，华人娱乐圈发生了有史以来最大的艳照泄露事件。所谓最大，首先是影响大，它成为互联网传播的标志性事件，事件中，1800 余张照片外泄，男女主角全是风头正健的一线明星，彼时社交媒体虽然尚不发达，消息依然在一周内几乎传遍全球；其次是尺度大，一些街头小报通过每天刊登事件新进展的细节和图片，增加了 1/3 的销售量，很多网络服务器因访问量过大而崩溃，有人甚至将照片制成光盘发售，引发香港民众多次质疑警方办案不力，连北京市公安局都明确指出，向朋友赠阅"艳照门"图片系违法；最后是伤害大，在事件表面平息后，对当事人的冲击才刚刚开始，牵涉其中的女星形象全部一落千丈，有人离婚、有人退出娱乐圈、有人抑郁，伤疤十年难愈。

作为此次事件的唯一男主角陈冠希，可以说既是受害人也是施害者。照片是他维修电脑时被人盗取的，从这个角度看，他是被偷窥者，但照片毕竟是他自己拍摄的。他公开道歉，同时宣布将无限期退出香港娱乐圈。

事件发生前，陈冠希是香港影视圈"未来天王"。他自称有 2000 个朋友，每天称兄道弟，但事后只剩不到 20 个；他曾经两次收到装有子弹的死亡威胁信；他把房间的窗帘放下，在黑暗中过了 5 天，不愿意去任何地方，害怕听到汽车的响动。

这看起来像一场永远难以醒来的噩梦，任何人陷入这种级别的丑闻，肉体和精神都很容易受到伤害，但陈冠希居然走出了阴影。

商业上，2018 年，他名下的服装品牌 CLOT 与虎扑体育合作融资上市，他成为香港最年轻的上市公司 CEO；个人生活上，2017 年女儿出生后，他成了"爱妻狂魔"与"炫娃狂魔"，他成了事业成功、家庭幸福的好男人，而且他并未失去个性，依然保持着反叛与特立独行的性格。

他是如何站起来的？

出现类似丑闻，主角通常会对媒体非常警惕，不愿意接受访谈，希望将解决不了的难题留给时间。有时确实如此，热点快速切换，公众很难在一件事上有持久的注意力。可如果是爆炸性丑闻，最难堪的细节依然在等待机会从公众记忆深处爬出来。

陈冠希没有把自己封闭起来，他的几次关键亮相，虽然难以让人同情，但获得了公众的理解：原来陈冠希的成长经历是这样的，他也有深入骨髓的绝望与孤独。

2009 年年底，艳照门事件余波未尽，陈冠希在香港接受了《智族 GQ》杂志的访谈。这是一次很成功的访谈，时间超过四个小时。陈冠希展露出惊人的坦率，讲到了父亲角色的缺席，讲到了自己从小就是城市里游荡的灵魂，讲到了自己曾想做黑帮，讲到了对 Hip-Hop 的迷恋，讲到了对女性的态度，讲到了被公司封杀，讲到了为什么创办潮牌 CLOT，讲到了艳照门之后看了很多宗教书籍，讲到对性的看法……

作者有优秀的写作能力，他的一段话可谓对陈的定调："艳照门事件后，我们自认为或多或少了解陈冠希，因为看到一些隐秘的东西，仿佛了解得更多。可是我们从未了解到那种命运唏嘘之感。这个马上 30 岁的青年，盖棺定论为时尚早，可那几十个年头足以构成一部精彩港片的脚本。"

此文标题为《陈冠希：没有杀死我的，使我更强壮》，这改编自尼采的名言，也契合陈的心境，此文对陈冠希重新树立形象打下了基础。

从此，陈冠希开始逐渐传递"自己也是艳照门中受害者"的观点。他说，事情闹这么大，"一定要一个人说，这就是那个坏人，然后事情才可以平息。好，没问题，我就来当那个坏人。可我真是个坏人吗？我不是。"

2015 年 12 月，VICE 出品了一部关于陈冠希的纪录片《触手可及》。发布当晚点击次数已超过 900 万。这部总时长 70 多分钟、分三集的纪录片跟踪记录了陈冠希 3 个月中 19 天的生活，镜头辗转洛杉矶、香港、天津、北京、上海、东京和温州。该片让陈冠希的真实度大为增加，人们看到一个事必躬亲的精明商人、一个不走寻常路的 Hip-Hop 歌手、一个有强烈表演欲却被封杀的演员、一个热爱当代艺术的收藏家、一个依然有粉丝追捧的明星、一个非常情绪化的男人、一个会因狗仔跟踪而暴跳如雷的公众人物。

片子里有很多他做生意的场景。在洛杉矶，他自己考察衣服面料，与人讨价还价；在香港办公室，他和同事商讨秋冬系列的规划；在东京，他与日本设计师探讨项链的设计细节。

很多人看了这部纪录片，都会感觉：陈冠希好酷，陈冠希真努力，陈冠希是个真实的普通人，他不停与世俗的定义抗争，甚至享受这种抗争。

在陈冠希重塑形象的道路上，媒体角色不可或缺。访谈他的媒体，多数在业内有口皆碑，不会为他刻意"洗白"。陈冠希人生的跌宕起伏与性格的特立独行，本身就成了一个文化符号，有丰富的、可挖掘的价值。

陈冠希没有拒绝被媒体消费，他聪明地利用这种消费来表达真实的自己。在艳照门事件之初，陈冠希曾多次与偷拍他的媒体发生争吵，甚至发生肢体冲突，这让他收到了更多的负面评价，但他不打算妥协。他并非拒绝沟通，只是讨厌被偷窥。

除了与媒体合作，陈冠希也找到了自己的发声渠道。2016 年 12 月，他在北京举办了个人摄影展，粉丝从凌晨 4 点就开始在寒冷的北京排队，影展除了 CLOT 的服装，还展出了很多私人照片。

更能表达他自己的是 2018 年在尤伦斯当代艺术中心举办的个人艺术展，他在这个展览中毫不掩饰地亮出了自己与这个世界的冲突，如作品《我讨厌你的注视》《以牙还牙》等，将相机作为意向物，因为相机对他产生过重大影响，表面上，相机导致他个人声誉破产，实际更具侵犯性的是相机背后不怀好意的眼睛。

2017 年 11 月，陈冠希在纽约大学进行过一次演讲，视频流出后迅速刷屏。他为中国制造正名，认为中国制造不等于粗制滥造。他还说"我从来没降低过标准，我从来没认过输，我从来没向任何人低头"。

这段演讲内容算得上满满的正能量，还因为陈冠希标准的英文发音在知乎上收获了上千点赞。

他微博上有超过 2000 万粉丝，艳照门的历史在微博这个舆论场更不容易被忘记。但陈冠希在微博上的形象已成为好丈夫和"女儿奴"，乐于和妻子秦舒培秀恩爱，晒女儿的点点滴滴。

如果没有自己的服装事业，陈冠希的形象重建就失去了基础。他在 2003 年就创办了潮牌 CLOT，比多数明星进入潮牌生意早十年，宣布退出娱乐圈之后，更将主要精力放到了公司上，曾自称：自己比"那件事"之前，更努力十倍。

如今 CLOT 已成为香港街头文化标志之一，CLOT 旗下潮牌店铺

JUICE 及 JUICE STAND 在上海、北京、成都、长沙等地均有分店，从商业角度而言，尚难说 CLOT 已经成功，但对陈冠希而言，这是证明自己的支柱。

总结陈冠希的形象重建之路，可概括为：道歉并付出代价；通过高质量的访谈坦陈心路；找到新的事业锚点；在不同的用户触点上传递自己的标签——受害者、爱自由、不服、坦率。

— 科比，重建事实锚点 —

陈冠希隐私遭泄露，确实是受害者，但有人涉嫌强奸则更缺乏道德优势。

2016 年 4 月 14 日，一位球星的退役成为全球热点，他就是 NBA 洛杉矶湖人队的球星科比·布莱恩特（Kobe Bryant）。他退役那天被称为"曼巴日"（科比的绰号是"黑曼巴"），洛杉矶的地铁站直接改名为"科比站"。他在湖人谢幕战的门票涨了 3 倍，给湖人带来的门票收入达到了约 2.2 亿元，一项纪念科比退役的限量版的帽子价格高达 3.8 万美元。

这场退役战，惊动了大半个联盟，美国各大体育联盟取消了当日比赛。2017 年 12 月 19 日，湖人队在斯台普斯球馆又为科比举行了一场球衣退役仪式，仪式上，科比两个号码 8 号、24 号两件球衣同时被球队退役，他成为 NBA 史上首位在同时退役两件球衣的球员。科比退役的消息被搜索超过 1 亿次，推特的服务器曾瞬间崩溃。

在国内，虽然有很多人之前连科比是打篮球还是踢足球的都不知道，但他们都记得科比的名言：你知道洛杉矶凌晨四点是什么样子吗？小米、魅族、360、UC、阿里、虎扑等均通过官宣蹭热点，从不落后的杜蕾斯官方微博也发布了一条"科比，AM，4：00"的消息。科比这个名字霸占了国内几乎所有的社交平台头条，朋友圈里很多人都在致敬科比以及他们伴随飞侠逝去的青春。有段子说当天最好的请假理由是科比退役自己心情不好。各大学都有学生翘课躲在宿舍里看球，连中央五台中午雷打不动的体坛快讯在当天都被取消，为的就是让球迷踏踏实实看完科比的退役之战。

在 NBA 历史上，科比不是得分最高、技术最突出的球员，甚至也不是最著名的球员，为什么乔丹、张伯伦、姚明等球员退役都没有这么强烈的情感触发？除了传播环境变化外，更主要的是科比的良好形象让他成了人气王。

他简直就是一部行走的励志书，集成了从不停歇、不肯服输而又偏执的精神。NBA 竞争激烈，球员更新速度极快，大部分球员在能力下滑之后人气都会有所降低，但科比居然连续 18 年占据全明星西部首发后场的位置，包括他 2013-14 受伤赛季，当时他因为伤病只出战了 6 场，但热情的球迷依旧把他选进了首发，对科比的爱已经成了惯性，而且能持续 20 年之久。

这一刻，几乎所有人都选择性遗忘了 2003 年 7 月，他的职业生涯几乎毁于一起性侵案。

2003 年 6 月 30 日，科比为了膝部手术入住科罗拉多州的一家酒店。第二天，一位名叫凯特琳·费伯（Katelyn Faber）的 19 岁少女向鹰郡治安官申报科比对她进行了强奸。7月2日，鹰郡警察局将科比带走进行了检查，并在7月4日对科比发布了逮捕令。

这真是一起极具轰动性的大新闻。彼时科比已经是NBA巨星，手握3枚总冠军戒指和千万年薪合同。媒体蜂拥而至，执法部门整装待发，科比接受了一次测谎和一套强奸检验，喜欢他的人和讨厌他的人都默默认为，这次科比可能真的完了。

但是在7月18日，科比做了一个扭转局面的动作。他携爱妻瓦妮莎共同召开新闻发布会，果断承认与前台女服务员有过通奸行为，但拒不承认发生了强奸。他对信息进行了充分披露，并表示愿意承担责任。

如果科比躲避攻击，这道伤口肯定会吸引来更多鲨鱼，但这次新闻发布会之后，他建立了一个新的事实锚点，公众的注意力开始转移到原告声称的强奸是否属实。科比证明了一条铁律：在重大且有争议的形象危机前，抢先发布、充分发布信息者会抢得先机。

经过一年多的取证、庭审、各种博弈，女方选择不出庭作证，检方取消了对科比的刑事诉讼，以经济赔偿结束了民事诉讼，科比补偿凯特琳500万美元，并公开道歉。

科比到底是强奸还是通奸，很难下定论。但不可否认的是，2003年科比可谓流年不利。除了性侵事件，他和当时的队友奥尼尔的冲突越来越激烈，差点大打出手，他这一年在球场上的状态也不好，赞助商麦当劳和NIKE在这一年并没有和他续签合同。

但他迅速回归并走得更远。2003年之后，他先后签约并代言土耳其航空、耐克中国、梅赛德斯奔驰中国等公司。2004年总决赛之后，他和奥尼尔的矛盾激化，湖人队不得不选择了更有潜力也更年轻的科比，奥尼尔不得不离开。2005 年性侵事件彻底平息后，科比先是在 2006 年和 2007 年连续两年拿下 NBA 得分王，又在 2006 年对阵猛龙的比赛中拿下了 81 分 NBA 历史单场第二高分。

当然，你可以说这背后需要强大的财力支持，这也是陷入类似危机时必然要付出的代价。不过，很多体育巨星都曾被性的问题困扰，如伍兹、泰森等，他们的财力和影响力都不比科比弱，却都难以走出阴影，付出了隐私被曝光、赞助商放弃、被迫离开赛场等代价。

他们与科比的差别在于错过了在黄金时间充分发布信息的机会，而这种做法可以帮助事件当事人站在自己的立场上构建、解释、定义整个事件，而不给其他人，特别是你的敌人浑水摸鱼的机会。

《斯坦福大学危机管理课》中将科比的形象重建课概括为"率先发布信息者为胜"，"因为它减轻了危机对自己的伤害，假使老虎伍兹及早发布自己的故事，它本可以让外界的攻击更有限、更微弱、更容易让公众容忍，但恰恰相反，他的遮遮掩掩反而加剧了外界的攻击"。

美国时间 2009 年 11 月 27 日，老虎伍兹的越野车撞上了消防栓和大树，伍兹的妻子艾琳为了救他，用一支高尔夫球杆砸开了越野车后窗。事实真相就像在鲨鱼游弋的大海中倒下了一桶饵，迅速激起了公众的好奇心。开始，伍兹用各种方式掩饰，认为这起车祸是一件私事，并希望大家不要侵犯他的隐私，而这些声明如同烈火烹油，全球社交媒体充斥着不同的传言、推测与讽刺。

他的多位情人陆续被曝光。他像牙膏一样不断被挤出处处风流的故事情节，价值几十亿美元的品牌价值崩溃，而且多数赞助商从此再也没有恢复对他的支持。在经受了长达几个月的丑闻折磨之后，他最终召开全国电视媒体发布会承认错误，连去戒除性瘾的事都上了脱口秀节目。

— 褚时健，人格 IP 产品化 —

陈冠希是娱乐明星，科比是体育明星，他们的形象重建之路虽然少不了商业支撑，但他们毕竟不是真正意义上的企业家。企业家的形象一旦受损，重建更为困难。

虽然我们乐于歌颂项羽遥远的失败，但这可能是叶公好龙，更现实的情景是对面前的失败予以否定。

企业的失败往往意味着企业家形象同步破产，而创业本身失败率极高，九死一生都是乐观估计。马云等一线企业家组建的湖畔大学就号称是一所专门研究失败的学校，他们宣称：我们不能教你如何成功，只能教你如何尽量避免失败。

有时即使企业走出了困境，企业家的形象都未必能翻转。如史玉柱靠 4000 元起家，荣登福布斯大陆富豪榜。他的投资领域从 IT 到房地产，后来成为负债 2.5 亿的"中国首负"，成为典型失败案例。再后来，他凭借借来的 50 万元东山再起，靠脑白金的洗脑广告"咸鱼翻身"，再回到 IT 业踏上网游征途赴美上市，投资民生银行获得暴利，经历堪称商界传奇。但由于其从事的行业及个人风格，他只能算得上一个世俗意义上的成功者，并没能重建有魅力的形象。

相比生意失败，入狱对形象是更沉重的打击。

但原云南红塔集团董事长、中国烟草大王、褚橙创始人褚时健是个特例。

褚时健入狱时已 71 岁，古稀之年入狱，并被判处无期徒刑，可谓已近人生终点。3 年后保外就医，出狱后开始种橙子。从 2012 年起，他的品牌褚橙风靡全国，甚至形成了"褚橙"现象，直至今日，影响力有增无减。

褚时健本来只在企业家群体中有认知度，但如今成了全民励志 IP。经常有人怀着"取经"的心态去哀牢山拜访褚时健，除了企业家，还有律师、官员、艺术家等，王石就去过七八次。他再创业的故事写进了很多本书中，褚时健沉默寡言，口音又重，但他说的很多话都会成为流传甚广的语录，这在全球都不多见。

2019 年 3 月 5 日，褚时健在云南因病逝世，网上一片哀悼之声。追悼会现场车队绵延几公里，王健林、王石、柳传志等国内多位企业家发文悼念并送去挽联。

可以说，褚时健的个人形象是与褚橙同步放大、互相成就的。

出狱之后，褚时健承包了 2400 亩荒山种起了橙子。2012 年，"褚橙"虽然已成为一个年产 9000 吨，营业额超过 6000 万元的果业公司，但品牌仍未走出大山。令褚时健没有想到的是，在移动互联网席卷全球和生鲜电商崛起的背景下，褚橙被推上了风口。

2012 年 9 月，刚刚创立不久的生鲜电商"本来生活网"在发展焦虑中发现了褚时健种橙的故事。本来生活网的创始团队来自媒体，每周要开

"选题会"，各地买手阐述自己找到的产品的卖点。西南片区买手李小多发现了在云南已经有一定口碑的褚橙，在汇报的邮件中，他还附上了三联周刊同年3月写的《戴罪之身的二次创业——褚时健和他的褚橙》。

这一发现引起了市场总监胡海卿的注意，他百感交集，觉得不管橙子好不好吃，一定要把褚老十年种橙哀牢山的故事讲出来。"人生总有起落，精神终可传橙"这句话跳入胡海卿的脑海，之后成了褚橙包装盒上的宣传语。

这句宣传语也避开了对橙子品质的描述，这隐喻着褚时健在一个小众群体中的影响力，至于能否延展成大众品牌，谁心里也没有底，而且当时本来生活网没有一个人吃过褚橙。

2012年10月22日，胡海卿几经周折拜访了褚时健，吃到褚亲手切开的橙子。他后来回忆，第一口吃下去，心里就咯噔一下，觉得这个橙子肯定会让所有人喜欢。

为了预热，几篇有关褚时健故事的重磅文章相继发表，如《褚橙进京》《褚橙借电商入京》《褚时健：褚橙成为励志橙》等。年近八十的褚时健，历尽劫波，如今居然要与电商接轨，这种反差本身就有丰富的话题性。产品首发时间定在了2012年11月5日，上线首发后5分钟售出了800余箱，24小时共售出1500箱。这个之前每天成交不过30单的小网站，甚至遇到了服务器崩溃的情况。20吨橙子在三天半的时间里全部售罄，本来生活网不得不临时调货。

2012年，本来生活网销售总额共900多万元，其中褚橙的销售额约占600万元。

2013 年，本来生活网将褚橙销售网络扩展到 22 个城市，50 天共卖出近 1500 吨褚橙，销售额达 4000 万元，这对本来生活网的品牌拉动效应更难以估量。此事重新定义了人格化内容营销，而且创造了中国电商史上的奇迹——通过一个爆款产品，用两年时间打造出一家估值超过 10 亿的创业公司。

王石等众多意见领袖主动站台，促成了褚橙爆红的局面。他们并不觉得是在支持一个电商的营销行为，而是在支持褚时健所代表的精神。用户在接下来的传播中自动丰富了故事，在留言中说，吃到这个橙子，就想到褚老的经历，觉得自己遭受的再多挫折都只能算是毛毛雨。褚橙已经不仅仅是物质层面的橙子，而成了一个精神符号——励志橙。

随着褚橙畅销，褚时健在企业家群体中获得了难以企及的声望，风头甚至超过一线互联网公司创始人。食物本身就容易与人产生情感链接，橙子甜中带酸的味道结合褚时健的一生，更提供了解读的空间。

有趣的是，本来生活网后来又推出以柳传志命名的猕猴桃"柳桃"和以潘石屹命名的"潘苹果"，并将其与褚橙组合在一起成为"三果志"。理论上说，这应该是一个更励志的故事，三位企业家 IP 属性加在一起，应该比褚时健个人影响更大。然而消费者并不买账，褚橙一骑绝尘，而柳桃、潘苹果却声息渐无，其中原因何在？

首先与产品品质有关。对柳传志和潘石屹而言，水果生意都有"玩票"的性质，褚时健则不然，这是他身家所系。褚时健从水利、土壤、防风、施肥等基础条件入手，又用上他管理红塔集团的经验，将精细化管理用于种植，再加上云南独特的自然条件，让褚橙一直保持了高品质。

其次，三者的人格化内涵不同。柳桃展示的是"成功企业家""产业报国"，潘苹果展示的是"公益、家乡"，而褚橙展示的是"沧桑""韧性""打不倒"。前两者其个人形象与产品形象的嫁接有强扭的感觉，而褚橙与褚时健则浑然一体。

虽然褚橙代表着互联网营销的胜利，但柳桃和潘苹果在营销方面投入更多。柳传志曾广发英雄帖，为柳桃征集营销方案，并公开向当时以互联网思维闻名的雕爷、白鸦、王兴、同道大叔、王珂五人求教。潘苹果每个售价近十元，潘石屹充分调动了他在企业界的人脉，京东的电商平台就给了很大支持。

褚橙的成功，是天时、地利、人和的结果，褚时健无意中找到了最适合自己的人设，然后因缘际会得到互联网传播红利的加持，然后依靠大众自传播完成解构。在他身后留下的挑战是：精神虽然或可传承，但是他的个人IP，能否转移为褚橙的产品IP？

这个经历了太多不幸的人幸运吗？当然，所有幸运要在全力以赴的路上才能遇到。

想一想

1.2018 年 12 月，ofo 创始人戴威曾发表一份公开声明，引发了很多批评，请你从他的角度，重新拟定一份。

2. 如果时间可以倒流，在空姐被杀案之后，滴滴应该做哪些动作，以避免悲剧多次发生？

3. 虽然书中提到了危机回应的第一原则是越快越好，但在实战中也需要把握好发布信息的节奏，请谈一下你对节奏的理解。

IMAGE VALUE

04

第四部分

通过讲故事，打造
企业家 IP

以始为终，从降本增效这一目的出发，掌握共鸣性、辨识度、连接值、概念力四维图，说好故事，打造好企业家IP。

> » 企业家打造 IP 与明星不同，核心还是为了降本增效：降低用户引流成本，增强市场效果；降低解释成本，增强信任效果；降低危机成本，增强抗打击效果。

> » 每个人大脑中都有一根音叉，每根音叉有不同的频率。每个 IP 也是不同的音叉，敲响超级 IP 能在特定人群中引起最多共鸣，并能够形成合奏。

> » IP 的连接属性并不是一根串起珍珠的线，而是由完整的价值休系构成的拼图，环环相扣，具有一致性、稳定性。

> » 概念力一旦成形，即使是你的对手，也不得不在你画好的格子内格斗。

> » 对企业家形象管理而言，只有一种能力最重要，那就是讲故事的能力。一个企业家商业逻辑再清晰，若不懂讲故事，都如同在黑夜中对爱人抛媚眼。

> » "从哪里来""到哪里去""我是谁"是企业家口袋中应该装好的基础故事模型。

> » 重复的力量是伟大的。重复是为了强调，强调到你相信之后，身边的人也会相信。

IP 是已经泛化的词汇，早已超出了知识产权的原有定义。企业家 IP 与艺人 IP、网红 IP 和产品、作品 IP 又都不同，它不是越红越好，甚至不需要爆款。它有完全不同的受众基础，打造起来更复杂，半衰期也更长。

顶级明星背后都有顶级团队来运营形象，但如果不是以重度人格化为主营业务收入，用流量思维来运营并不恰当。我们需要以终为始，即思考 IP 化是为了解决什么根本问题。对多数企业家而言，打造 IP 最核心的目标并非出名，而是与其他管理动作有相似之处，即降本增效：降低用户引流成本，增强市场效果；降低解释成本，增强信任效果；降低危机成本，增强抗打击效果。

在这部分，我们会展示企业家 IP 价值四维图，而要将四维图落地，最实用的能力是学会讲故事。

我们可以将企业家 IP 形象管理纳入图 IV-1 所示的这个象限。

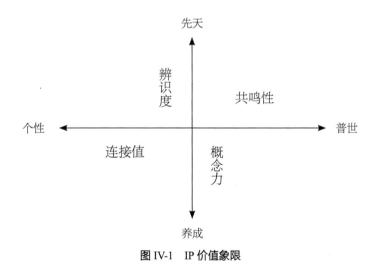

图 IV-1　IP 价值象限

横轴左端是个性，即每个受众有不同的风格；右端是普世，意指受众个性中的共同交集；竖轴上端是先天，指企业家先天具备的特点；竖轴下端为养成，即企业家后天可培养的能力。由此延展出了四个象限，分别为：辨识度、共鸣性、概念力、连接值。

这四个象限如同企业家打造自己 IP 形象的导航图，可以用它来清晰地判断哪种 IP 属性更适合自己。

油管（YouTube）上有一段流传很广的视频，其中说："如果你非常、非常愚蠢，你怎么可能意识到自己非常、非常愚蠢呢？你必须有相当高的智力才能意识到自己有多么蠢。"最聪明的人也会在形象管理中犯一些低级错误，这源于对自己缺乏清晰的认知。

所谓知彼易，知己难，在用坐标轴解读该形象 IP 之前，需要先认清自己。

在此，我们提供了一份自我认知移情清单。移情，即先将自己放在一个旁观者的位置，跳出画面看画，用身外身来观察。

1. 我看到了什么？

描述我在所处环境中看到的东西。

*我周边有谁？

*谁是我的朋友？

*我每天都能接触到什么样的信息产品？

2. 听到了什么？

描述环境是如何影响到我的。

*我的朋友说了什么？

*我的恋人说了什么？

*哪些人能真正影响到我，是如何影响的。

*哪些媒体渠道对我是有影响力的？

3. 我真正想到和感受到了什么？

尝试勾勒出我的思维过程。

　*哪些事情对我来说是真正重要的（包括我不会承认的）？

　*想象我的情绪，哪些事情会触动我？

　*哪些事情会让我夜不能寐？

　*尝试描述我的梦想和渴望。

4. 我说什么和做什么？

想象我可能说的话，或者我可能在不同场景下表现出的行为。

　*我对分歧持有什么样的态度？

　*我怎样说服别人？

　*我的言论往往不一定是我真实的想法或感受，要留意两者之间的
　　冲突。

5. 我的痛处是什么？

列出挫折、烦恼或其他使我头痛的事。

　*我最大的挫折是什么？

　*有哪些障碍阻碍着我实现个人诉求？

　*哪些风险是我害怕承担的？

6. 我期望的收益是什么？

给出正确的决策方案。

　*哪些成就是我真正想要或者需要的？

　*我如何衡量成功？

　*思考一下，我可能采取哪些策略来达成目标。

此清单借鉴了亚历山大·奥斯特瓦德等所著的《价值主张设计》一书中的"客户认知清单"，我根据 IP 属性做了相应改造。使用这张表格，比用标签法能更清晰地描述自己。标签往往简化了人性，只展现了一个人在特定时间的一个切面。假如给万达集团创始人王健林贴上铁腕、脾气大、战略性强的标签，就忽略了他对儿子王思聪夹杂着爱护、无可奈何、欣赏的复杂情感，也就难以解释万达 2017 年遇到的一系列麻烦；假设给百度创始人李彦宏贴上理性、自我、缺乏创新的标签，又怎样解释他喜欢花花草草、引入陆奇、在 AI 方面的布局和投入等行为？

每个人的世界都是五彩斑斓的，欲望与偏见、公平和正义、自私和慷慨，都可能存在于一个人身上，只抽离出其中突出的几点做成标签，形象依然是僵硬的。通过这张表格，可以将"我"更具象化——我们有多少人真正面对过自己的痛点呢？当我们要承担一个决策风险时，更担心失去面子、权力、信任，还是地位？

如果有勇气，你可以请不同的人回答一下清单中的问题，完成对你的评价，例如伴侣、下级、合作伙伴，甚至对手，只需要将"我"换成自己的名字即可。我曾在今今乐道读书会线下活动中数次做这个实验，每次接受调研的人都会大吃一惊，他可能惊讶地发现，"自己眼中的自己"与"别人眼中的自己"，原来根本不是一个人。

第 9 章

IP 价值思维图

― 先天 + 普世 = 敲响特定人群中的共鸣音叉 ―

2018 年 10 月 30 日晚，一则消息震动了全球华人，从 60 后到 90 后，多少人彻夜无眠——武侠小说泰斗金庸当天下午病逝于香港养和医院。

图 9-1 是当天的微信搜索指数，金庸的搜索指数超过了 1 亿，远远超过了当日苹果发布会。

一位 94 岁的老人，生命已脆弱如风中芦苇，他是被谣传死亡次数最多的名人。他的讣告恐怕早就写了好多篇了，为何他的离去依然成为一个穿透多个圈层的事件？同一个月离世的还有前央视主持人李咏，虽然他更加年轻，英年早逝更令人痛心，但为何关于他的去世，解读层面就比较单一？

因为金庸是华文世界第一 IP 大师，他成功塑造了一系列共鸣极强的主人公，如郭靖、杨过、张无忌、乔峰、令狐冲等。读金庸的小说，读者很容易产生代入感。他讲的是人生三苦：怨憎会、爱别离、求不得，然后在武侠的世界中把它们消解。无论你处在哪个年龄、阶层，你拥有什么经历，都能在金庸笔下的人物找到映射。

四维图右上象限就是共鸣性。每个人大脑中都有一根音叉，每根音叉有不同的频率。每个 IP 也是不同的音叉，敲响超级 IP 能在特定人群中引起最多共鸣，并能够形成合奏。

格力集团董事长董明珠就是共鸣极强的企业家，她和小米集团董事长雷军有一个著名的 10 亿赌局。

图 9-1　金庸逝世当天微信搜索指数

2013 年 12 月 12 日，在"中国经济年度人物"颁奖典礼上，董明珠和雷军"杠"上了。两人在后台因发展模式产生了分歧，到了台上，董明珠更是步步紧逼，甚至现场做了个小调研，她问观众："有多少人使用小米手机？"现场只有 3 个人举手。这已经是很明显的挑衅动作，雷军的反应也很快，他说："这说明我们的市场空间很大，还有 99% 的人没用小米手机。"

雷军的性格属于绵里藏针，他提出："小米模式能不能战胜格力模式，我觉得看未来五年。请全国人民作证，五年之内，如果我们的营业额击败格力的话，董明珠，董总输我一块钱就行了。"

董明珠立即回应道："第一，我告诉你不可能；第二，一块钱不要再提，要赌就赌 10 个亿。"

先将赌局放一放，这不是本书的重点，我们就通过类似事件，来观察董明珠这个女企业家第一 IP 是怎样炼成的。

董明珠是中国商界棱角最分明的企业家，喜欢她的人称之为"霸气"，不喜欢她的人称之为"霸道"，这里随便摘几条她的语录。

"我从来就没有失误，我从不认错，我永远都是对的。"

"工作中没有任何柔情可言。不可能既能把工作做好，又不苛刻、咄咄逼人。和谐是斗争出来的。"

"我格力空调不涨价，你其他空调敢涨吗？"

"工作就是工作，生活就是生活，工作中没有柔情，就像打仗一样，在战场上能用柔情来解决问题吗？必须用严格的制度和纪律来完成。"

业界对她有句著名的评价："她走过的路，草都不长！"董明珠本人对此倒不以为忤。除了和雷军，她还有很多著名的怼人桥段。

2014 年年底，我还在中国企业家杂志工作，董明珠应邀参加中国企业领袖年会。她在导师论坛上向小米和美的猛烈开炮，称两个公司为"骗子"，讥讽雷军"有本事就在手机行业做到第一"，还说"雷军走好"。

2016 年播出的《鲁豫有约大咖一日行》董明珠专题节目中，有许多她叉着腰发火的镜头。在会议室中与客人合影时灯光有问题，到楼下发现车还没准备好，工厂室内温差大……这些事都会令她勃然大怒，脱口而出的就是"能不能给点饭老子吃""不把你们撤了才怪"。

2016 年 10 月 28 日，格力电器召开临时股东大会。董明珠当场发火，因为这场格力股东大会是至今为止唯一一次她进场没有鼓掌的，当然，背后深层矛盾并非鼓掌这么简单，是"有些投资者对格力收购银隆不满"。

她还曾表示很反感虚拟经济，称 90 后不愿意从事实体经济的工作，很多人在家开网店。这一代人对经济发展有隐患，网店模式不仅给实体经济带来冲击，也给整个社会带来了冲击。

类似细节叠加，难免形成一个印象：董明珠是个很不"互联网"的人，她不仅对所谓的互联网思维不屑一顾，而且依然用最强硬的方式管理公司、传递自己所理解的价值，比如 2017 年格力官网上线了一款"色界"手机，开机照片是董明珠的头像。

但最值得回味的是，她用反互联网的方式，成了企业家中的"网红"。她自己成了格力的第一代言人，头像出现在了平面、电视、新媒体等各种投放渠道以及各种设备上。

2018 年 11 月 21 日，宁波市一位网友发现，董明珠的脸出现在街头行人闯红灯曝光台的电子屏幕上，与之一同出现的还有数张公交车车身广告，广告画面是董明珠的脸。原来，这是因为行人非机动车闯红灯抓拍系统对一辆正在沿江东北路由南往北行驶的公交车车身广告上的人像进行了错误识别。

董明珠如此高调，并非个人想出名，这恰恰体现了她 IP 意识的觉醒。董明珠的个人风格，恰与她希望格力传递给用户的价值点相匹配，她希望告诉外界，董明珠的精神就是格力精神，而格力精神就是中国制造精神。

"我给消费者承诺，我可以做世界上最好的产品。"这句话其他企业家说来或许空洞，但配合董明珠一贯不容置疑的发言风格，就显得没有违和感。

董明珠的先天风格让她在企业家群体中具有极高的辨识度。自信与激情本来就属于右上象限，而董明珠用自己的方式将之演绎到了极致，她的音叉频率能引起广泛共鸣，即使不喜欢她的人，也会被她的 IP 属性征服。

通过自我认知表，找到与右上象限中某一项的最大公约数，然后研究透彻，成为"领导者"，是打造企业家 IP 较为有效的方式。

— 先天 + 个性 = 积蓄辨识度势能 —

高辨识度是成为 IP 的重要条件之一。注意力如此容易被分散的今天，凭什么让用户记住你？千人千面，你这一面要更加与众不同，这就需要提炼非常鲜活的个性，一击即中。

罗永浩就是辨识度特别强的创业者。锤子手机自创立以来麻烦不断，产品从未达到预期销量，多次跳票，供应链频频出问题，仅 2016 年就被传倒闭 6 次、收购 5 次，被用户起诉到法院 1 次，被曝资金链困境 1 次。2017 年 8 月，锤子科技完成近 10 亿元的融资，其中成都市政府（实为区属国有企业"成都东方广益投资有限公司"出资，而非政府直投）出资 6 亿元，一半为股权投资，一半为债权投资。这是一笔救命钱，为此，罗永浩把总部迁往成都，带去团队一半的人，号称永不买房的他，还在成都买了人生第一套房。

到了 2018 年 10 月初，却传出锤子成都裁员关门的消息，公司已走到资金链断裂的边缘。到了 2018 年年底，锤子连法人都更换了，出售几乎已是必然命运。

虽然创业一路连滚带爬，但换一个角度看，如果不是罗永浩，锤子恐怕早就倒闭了。罗永浩的强大 IP 能力给公司一直续命，有的铁杆锤粉买了每一款手机；有的粉丝愿意自己掏钱看老罗的发布会，并不是冲着手机，而是冲着"罗永浩"这三个字。可以想见，如果老罗想做一个知识付费之类的强 IP 平台，应该很容易拿到投资。

罗永浩的先天标签，就是"剽悍""理想主义""工匠精神""傲慢与偏执"，这些标签能唤起用户对个性化的追随。

罗永浩强大的 IP 能力要得益于他强大的表达能力。在新东方教书时，"老罗语录"风靡大江南北，那句"彪悍的人生不需要解释"不知成为多少人的座右铭。这位前新东方名师，能把发布会开成相声大会。有人评价罗永浩是被创业耽误了的相声演员，他的演讲风格和郭德纲还真有几分相似，他的高级幽默不是歇斯底里的呐喊，不是抖机灵，而是机敏的反应、严谨的逻辑、脱口而出的金句和自信的自黑。这在罗永浩与 ZEALER 创始人王自如现场直播节目的"约架"中，有完整的展现。王自如虽然也是手机测评领域的 IP，但现场气势几乎被罗永浩完全盖过。

罗永浩称自己"不是为了输赢，就是认真"，高喊"不做市场调研，让大部分用户去死，我们就是给精英人群做的"。2017 年 5 月的发布会上，他把自己都说哭了，他说：我想让在场的朋友们知道一句话，如果有那么一天，我们卖了几百台、几千万台，人人都在用我们的手机的时候，你要知道这个其实是给你们做的。

类似的话如果从别人嘴里说出来，恐怕会立刻成为一场公关危机，但他说完却引来潮水般的欢呼，简直可以媲美明星对粉丝的示爱：我所有的歌都是唱给你们听的。

围绕具有强大辨识度的 IP，能产生"巨大的光环"。辨识度的核心是价值认同，粉丝可以在自己的认同中形成一个帮助 IP 迭代的场域。

2018 年 5 月，综艺节目《创造 101》带火了杨超越。她没有流量基础，形象条件中等偏上，唱功差，跳舞还要数拍子，爱哭，一直备受争议，但辨识度很高。她出生在农村，小时候父母离异，中学都没有毕业就出来打工，来参加《创造 101》也是为了 2 000 元的通告费。当她说出自己是"全村的希望"时，她的热搜体质就已经形成了。

"接地气"这个标签成立后，她又贴上了另一个辨识度更高的标签，即运气。她成了"锦鲤"，网友戏称，转发她的照片会带来好运气。她先是在 6 月 23 日火箭少女 101 成团时，以顺位第三名的成绩出道，之后网上出现了"转发这个杨超越，期末考试啥都不会也能拿第三"的神文案。

之后在 8 月 9 日，乐华娱乐发表声明，宣布火箭少女 101 中顺位第一名的孟美岐和第二名吴宣仪退出女团。女团排序向前顺延，杨超越顺位第一，成为"C 位"。好运还未结束，如张杰北京演唱会的庆功宴上，杨超越在抽奖环节抽中了 2 万元人民币，而她曾在节目中表示要买 2 万元的钻戒，这 2 万元的奖金也与她的愿望不谋而合。

即使背后有团队操作，但"天选之子"的人设还是太无敌了。之前能够辨识出她的还只是粉丝，当她被打造成"锦鲤"之后，谁能拒绝"不努力还能成功"这个美梦？甚至很多人把微信头像都换成了她的照片。此刻，杨超越的 IP，实际已横跨左上限的"辨识度"与右上限的"共鸣性"。

占有象限越多的 IP，势能越强，而且可持续、可叠加，更容易成为一种精神表达，并直接转化为商业价值。到 2018 年 8 月，虽然杨超越的业务水平没什么进步，可代言价值已远远超过创造 101 的其他成员。

为了提高自己的辨识度，有时还需要一些小技巧，如着装。

企业家着装当然不能太出位，但他们也会设计一些令人印象深刻的元素。

乔布斯在发布会上永远穿着黑色高领毛衣（或者黑色衬衫）和蓝色牛仔裤，这与苹果所传递的极简风格相匹配；Facebook 创始人扎克伯格的标配是灰色 T 恤衫加蓝色牛仔裤，浓浓的硅谷风；马云早年是毛衣控，而且偏爱炫彩颜色的毛衣，这些色彩对比强烈的毛衣，让人很容易对身材瘦小的他留下印象，而且显得洒脱随性；史玉柱是第一个穿着运动装走进纽交所敲钟的企业家，在此之前，他喜欢穿红色 T 恤，他认为红色会给自己带来好运；周鸿祎也喜欢在公共场合穿红色衣服，倒不一定与运气相关，这是他名字的谐音，而且后来成为他 IP 中的一部分，他的一些绰号就是由此而来的。

不要小看这些着装、饰品、细节，当它作为一个符号，伴随创业者在各种公开场合反复出现，就会内化为能提高辨识度的元素，这是视觉锤原理在企业家形象管理中的应用，这会把你的辨识度像钉子一样砸入用户脑海。

— 个性 + 养成 = 无限拓展连接力 —

一滴水如何能永不枯竭？汇入大海。一个 IP 如何能不透支自己的价值？建立强大的连接能力，汇入流量的大江大河。我们谈社群经济、场景变迁，其核心都是连接值的变化。

马尔科姆·格拉德威尔（Malcolm Gladwell）在其畅销书《引爆点》中，讲了北美独立战争第一枪的故事。

有两个人同时获知英军要突袭的消息，一个叫保罗·里维尔，一个叫威廉·戴维斯，他们都立刻骑马夜行，从波士顿到列克星敦，传播同样的消息，虽然他们目的相同，效果却大不一样：里维尔所到之处，民兵团体迅速集结，充分准备抵抗英军部队，进而蔓延成美国历史上的独立战争，而戴维斯传播的消息根本没得到沿途民众的重视。

为什么会出现这种截然不同的结果呢？因为里维尔的连接值更高。他非常善于社交，是马萨诸塞州火灾保险公司创办人、市卫生官、规范市场管理员、萨克福县验尸官、马萨诸塞州福利协会会长，还是波士顿地区同属于五个辉格党小组仅有的两个人中的一个。而威廉·戴维斯虽然也是个热心人，可几乎没有离开过自己生活的小镇。

格拉德威尔由此提出，一个信息要想流行起来，必然要通过某些特殊人物的社交能力、活力、热情和魅力将其传播出去，这些人就是超级连接者。

全球最成功的 IP 连接者当属漫威，从 2008 年到 2018 年，漫威一共出品了 19 部漫威电影，创造出一个极其庞大的漫威宇宙。

2018 年，漫威为全球影迷献上了超级大礼《复仇者联盟 3》，这部跨 IP 史诗级大片将 10 年来的故事情节联系在一起，将 30 多位超级英雄大集结，全球票房总收入达 16.06 亿美元。

漫威是全球最善于运营 IP 的公司。它最初是一家漫画出版公司，创造了很多经典的漫画形象。20 世纪 90 年代末期，漫威将蜘蛛侠、绿巨人、X 战警、惩罚者等角色分别授权给索尼、环球影城、二十世纪福克斯和狮门等多家公司，制作了 20 部电影，但是自己获利很少。后来漫威背水一战，将所有 IP 版权抵押，自己拍电影，第一部就是《钢铁侠》，由此开启了漫威电影宇宙。

漫威给每一个角色都赋予了个人魅力与时代独特性，如美国队长和冬兵诞生于第二次世界大战；黑豹于 20 世纪 60 年代美国种族歧视最严重时期横空出世；钢铁侠是有弱点，且过着耀眼生活的花花公子……他们有自己完整的背景履历。这些独立的故事又能串联到一起，最终在《复仇者联盟》中织成一张大网。

单独 IP 收益潜力总有尽头，容易停滞不前，像《加勒比海盗》拍到第五部，就已经成了鸡肋。但漫威宇宙出现了一个独特现象，即续集往往比前作更受欢迎——当钢铁侠出现在蜘蛛侠的故事里时，他们就建立起一个共享用户池。

IP 通过内部连接，完成了接力，这如同巴菲特滚雪球理论中"更湿的雪"，通过外部连接获得势能，就是滚雪球理论里"更长的坡"。每年与漫威英雄相关的影视剧改编（如电视剧、网络衍生剧、短篇、动画等）、游戏、手办玩具、服装等周边产生的价值达十几亿美元，衍生品价值远远超过电影本身，如《复仇者联盟 2》上映前后，漫威与三星联合发布钢铁侠 Galaxy S6 edge 限量版，在中国通过京东商城限量销售 1600 部，再如《复仇者联盟 3》上映前夕，可口可乐携手漫威推出绿巨人、美国队长、钢铁侠、鹰眼、雷神、黑寡妇六种包装的无糖特饮，销量也很可观。

漫威现在已成为 IP 超级连接者，与迪士尼、乐高、孩之宝等品牌都有合作。它一直顶住压力完全收回角色商品化权，因此，角色和大片情节之间的联系越密切，它能拿到的最低保证金与专利费版税率也就越高。

有趣的是，漫威的老对手 DC 也一直想打造自己的超级英雄宇宙。两公司都是漫画公司起家，都是工业流水线生产，甚至 DC 的起步基础更好，有蝙蝠侠和超人这种大热 IP，但 DC 宇宙一直难以成型，跨界营销受益也远不如漫威。

原因就在于漫威的 IP 连接属性更强，它是先完善世界观，然后再塑造个人角色，而 DC 是先每个角色露面混个脸熟，再补上个人电影。可见，IP 的连接属性并不是一根串起珍珠的线，而是由完整的价值体系构成的拼图，环环相扣，具有一致性、稳定性。拼图靠近核心位置的拼板不能去掉或替换，否则所有相关联的部分都会变化，而外围则可以扩张调整。

创业者要增强 IP 连接性，可以向漫威学习如何建立自己的 IP，然后通过"最湿的雪"和"最长的坡"获得势能。

罗振宇就是一个突出的例子。

罗辑思维创立之初，主要依靠罗振宇的个人 IP，他的独立思考、广博的知识、机敏的反应再加上卓越的表达，让他成了自媒体时代第一位魅力人格体——这个词就是他发明的。在移动互联网的红利期，他鼓吹人格是未来价值链的中心，而且对此身体力行。

虽然是自媒体标杆人物，但如果罗振宇不能完成从罗辑思维向得到的迁移，他的 IP 价值也会如曾经投资过的 papi 酱一样下降。单一 IP 要持续产生影响力，相当于在流量池塘里不断扔石头激起涟漪，随着时间流逝，很难保证能永远掷出大石头，加上水底石头积攒越多，就越不容易泛起水花。

得到并非仅仅将单一 IP 变为多 IP，而是从价值体系到生产流程都重新进行定义。罗振宇依然是主 IP，主要负责品牌和引流，他曾发明过一个词叫 U 盘化生存，总结起来就是 16 个字：自带信息，不装系统，随时插拔，自由协作。这是组织与个体关系的重构，手艺人可以不依靠组织而存在。

但他进入"得到时代"后，实际上放弃了 U 盘化，而是选择插座化——那些能为用户提供知识服务的人，如同台灯、水壶、电脑、手机等各种电器，都可以连接到插座上获得能量，同时它们也能吸引来更多用户。

连接能力越强的人，自带流量的势能就越大。2018 年世界杯最火的球员是 C 罗，有篇刷屏的文章叫《33 岁的 C 罗却有着 23 岁的肉体：自律的人究竟有多么可怕》，这位葡萄牙巨星在世界杯中的表现堪称完美，同年 10 月，又成为有史以来第一位在欧洲五大联赛中总进球数达到 400 粒的球员。

C 罗不仅是人气最旺的球星，也是名副其实的"带货王"。他 Instagram、Facebook、Twitter 三大社交平台粉丝总数世界第一；2018 年，在 C 罗宣布转会尤文的 24 小时后，尤文图斯和阿迪达斯线上、线下一共卖出 52 万件 C 罗球衣，而 2016 年、2017 年尤文全队每年卖出的球衣不过 80 万件左右。所谓 C 罗"全身都是宝"，据不完全统计，他的商业代言超过 30 个，类型涉及衣、食、住、行等方面，哪怕是不关注足球的人，也会通过品牌广告认识他。

超级连接者 C 罗并不满足于球员薪水和赞助费，他还拥有自己的时尚品牌"CR7"，目前，这个品牌包括内衣、皮鞋、香水、高级成衣、餐饮，同时还进军了酒店业。

― 普世 + 养成 = 将复杂问题简单化的概念力 ―

管理学家陈春花老师 2012 年写过一篇文章，叫《CEO 必须具有"概念力"》，陈老师认为，占据行业领导者地位的公司能够引领行业的进步和变化，能够超越顾客的期望，能够发现并创造性地实现顾客的价值，并能界定和厘清顾客和企业之间的沟通，它们都具有非凡的"概念力"。

概念力就是将复杂问题简单化的能力，需要在纷繁的影响因素中寻找关键因素，通过把握和解决关键因素来提升整体的竞争力。

在企业竞争中也是如此。2018 年的商业主战场之一是"新零售"，当阿里提出这个概念后，腾讯很被动，它既绕不开这个战场，又不希望在阿里提出的概念中战斗，于是提出了自己的概念——智慧零售。但阿里在未来零售业中的这一 IP 已经概念化了，智慧零售很难再占领心智资源。因此，有时评价腾讯的零售战略，外部也不自觉地称之为新零售。

概念力恰恰是企业家 IP 与其他 IP 最大的不同。企业家毕竟不是真正的网红，真正的 IP 魅力来自对商业本质的理解、逼近与提炼，这和鸡汤式的经典语录不同，它会成为企业界一个绕不过去的议题。

概念力并非提出一个概念就结束了，它需要提出者系统诠释、落地实践，而且能通过外部的补充自我进化。一线企业家多数都有自己的"概念力"，概念力一旦成形，即使是他们的对手，也不得不在他们画好的格子内格斗。

2016 年下半年，王兴提出了移动互联网下半场的概念，为了丰富这个概念，他从宏观经济、自然科学、产业变革史、增长红利等方面入手，之后才开始定义。

他认为从互联网向移动互联网的转型基本完成了，靠消费者增长的红利基本消耗殆尽。下半场必须靠提升效率，降低成本，创新业务，提升用户体验。"我们要通过互联网和科技改造，为整个中国服务业的供给侧改革这次升级提供驱动力，推动整个中国的服务业率先完成供给侧改革。"他说，"今后的竞争将是 ARPU 值（每用户平均收入）的体现，是大数据和人工智能的突破，行业竞争模式从外部竞争升级到打造企业核心竞争力。"

这一概念提出后，不仅在产业界，而且全国都引起了反响，下半场已成为进行更精细化运营的代名词。

雷军提出的概念是"风口上的猪"。这句话可拆分成两个动作：找到风口，顺势而为。因为强烈的画面感，这一概念立刻成了移动互联网时代的创业心法，他的原话是："把握战略点，把握时机，要远远超过了战术。"他还引用了《孙子兵法·兵势篇》对"势"的解释："故善战人之势，如转圆石于千仞之山者，势也。"意思是，善于指挥打仗的人所造就的"势"，就像让圆石从极高、极陡的山上滚下来一样，来势凶猛。

通过对移动互联网大势的把握，他进一步总结出了移动互联网思维的关键词：极致、专注、口碑、快，算是对成为"风口上的猪"的身体力行。

这套飞猪理论风靡创业圈，后来，很多人倒在了风口下，由此抱怨雷军误导，于是他在 2017 年又做了纠正："大家看到的是风口，我说的其实是猪，即如果我们有当猪的心态，就不会输掉市场。"他认为猪就是"躺在地板上的人"。假如他创办小米从始至终都保持着当猪的心态，公司就不可能被打垮，因为一个躺在地板上的人，不可能被再次击倒。

任正非的"管理的灰度"，柳传志提出的"管理三要素"，张瑞敏的"自以为非"，都是有旺盛生命力的概念。生命力的源头并非这个词本身，而是他们坚信这个概念，并以此为指导，打了胜仗。

在类培训领域，能否建立起自己的概念力更是制胜的关键。除了罗振宇提出的知识付费，以及后来演变成的知识服务，吴声提出的"场景革命"，李善友提出的"第一性原理"，都在业内插了一面旗帜。

我的合伙人杨铄今就是一个概念力特别强的人，他提出的核心理念是"仪式感"。他认为生活与生意的本质都在于仪式感，不要总说"心里有"，而要立刻体现在行动上。他一直在用仪式感指导自己，每年的重大节日，他都会组织聚会，穿上统一的服装，喝酒、游戏。举办线下活动时，学员的饭盒上都会印上一本书中的金句和二维码。你也许觉得仪式感过于麻烦，但仪式感的核心就是不怕麻烦。

建立概念力与一个人先天个性并无太多联系，而是需要经过后天打磨，从广泛认可的价值和需求中提炼出关键词，同时对其进行分析。概念的提出者要发自内心地相信，并能用来指导自己的事业，而非将之视为一种话术，这样就能取得一定成就。

　　概念力一旦建立，就是企业家 IP 形象的最强大壁垒。

第 10 章

企业家怎样讲故事

我和小 Z 来到东四环外的一个产业园，走进一座三层、只装修了两层的 LOFT，最上面还露着钢筋。即使是在一层与二层，墙纸也随时会脱落，地砖翘起了 7 块，东窗的一大片玻璃，只保留着危险的残渣。这像一个废墟上的公司，员工走出大门，你都难以判断他是去接外卖还是就此辞职了。如果已经补发了上两个月的工资，说不定他们真的会就此消失。

小 Z 站在一张破椅子上开始了他的演讲。他身高不过 1.68 米，但今天精神饱满，还特意洒了点香水，看起来完全不像卡里只剩 1.5 万元的创业者。

"现在不用告诉我你们在想什么，都已经写在你们脸上了！"他没有刻意提高声音，这样反而更吸引人认真听他下面讲的话。"我要说，你们关于现在的很多猜测都是对的。不过现在，我们一起玩一个关于未来的小游戏。"他让大家都闭上眼，想象现在是三年后，他们站在纳斯达克敲钟台上，时代广场滚动着公司的股票代码。"你们每人可以填一个心目中的股票发行价，"他挠了一下头，说，"当然，这太不专业了，只需要写下你心目中的数字就可以。"

接着,他随手点了三个人,请他们说成为亿万富翁之后自己的生活,描述得越具体越好。"但是你的股票至少还要锁定 36 个月。"他拍着合伙人的肩膀说,"咱们都是实际控制人。"

"何老师已经第二次来公司尽调了,也是最后一轮,"他话锋一转指向我说,"我不应该对你们透露太多细节。"他神秘一笑:"现在是空气最稀薄的时候,如果有人现在离开,我完全理解,融资到账后我会立刻把工资补上,而你们的期权会在留下来的人中重新分配。"

我按照他的要求,一直没有开口,只是矜持地坐在一旁。当然,我不是什么来尽调的投资人,只是帮他演一出双簧。他赌新一轮融资在 11 天后可以如约到账,但他知道,如果不再做点什么,这家主营业务为数据服务的小公司根本连一周都撑不过去。

这是我亲身体会到的最具现实扭曲力场 ① 的演讲,其中有如同复刻现实一样具象的愿景描述、巧妙的互动,还有煞有介事的谎言——我估计那一刻连他自己都信了。他一本正经地说着,这是我第一次注意到创业者如何在决定命运的时刻,用故事传递积极的影响。

著名编剧罗伯特·麦基(Robert Mckee)曾说,故事是这个世界的原材料;以色列历史学家尤瓦尔·赫拉利(Yuval Harari)在《人类简史:从动物到上帝》中声称,人类之所以成为地球的主宰,就在于能创造并且相信"虚构的故事"。或许这些论断过于简单粗暴,但你只需要记住一点:

---

① 现实扭曲力场,指结合骇人的眼神、专注的神情、口若悬河的表述、过人的意志力、扭曲事实以达到目标的迫切愿望,及其形成的视听混淆能力。

对企业家形象管理而言，只有一种能力最重要，那就是讲故事的能力。我们前面所说的建立 IP 形象的所有支柱，都需要一种能力做基础，就是讲故事的能力。

不管是演讲、参加论坛、接受媒体采访，或者内部开会，故事都是降低沟通成本的利器。一个好故事胜过十条大道理。一个企业家商业逻辑再清晰，若不懂讲故事，都如同在黑夜中对爱人抛媚眼。

在本章，我们会分析企业家应该掌握的三种故事类型，以及讲好故事的八种技巧。

— 三种故事模型 —

某次联想控股举行"入模子"培训，这是联想为新入职高管举行的三夜四天的文化内训项目。其中有一个问题是：联想为什么在成为世界 500 强公司之后，依然保留着创业时的传达室？

历次培训，回答者无非是从保持艰苦奋斗精神之类的角度诠释，这次突然有一个年轻人语惊四座。他说，传达室的职责与柳总（柳传志）一直倡导的精神是一致的。柳总一直鼓励大家如此思考问题："我从哪里来""到哪里去""我是谁"，你看，这不是传达室必问的三句话吗？

不得不说，这"马屁"段位实在高，柳传志在台下都捧腹大笑。但细想一下，"从哪里来""到哪里去""我是谁"是人生的终极问题。关于企业家应该掌握多少种故事类型，不存在绝对正确的答案，我的经验是，这三种故事是企业家口袋中应该装好的基础故事模型。

从哪里来

周星驰在《唐伯虎点秋香》中有一个令人难以忘记"比惨"的经典桥段：为了混进华府，唐伯虎与一个"身染十级肺痨、一夜全家死六口、连身边的忠犬旺财也就地身亡"的人比谁更惨，最后祭起大招，拿出蟑螂小强才反败为胜。

看起来虽然可笑，但其中隐藏着一个讲故事的重要原则。你背景的底色是什么？这可以让听众迅速移情进入你的世界。特别是讲一个"够惨"的故事，更容易唤起用户的共鸣。

很多企业家善于"痛说革命家史"，因为这实在是屡试不爽的励志良药。

下面是两个与猪相关的故事。

刘永好经常讲他吃瘟猪肉的故事。大意是，20世纪70年代他下乡做知青，生产队让他们去修河，有一天说是有肉吃，他们高兴得不得了，结果吃的全部都是瘟猪肉。他把吃肉的场景记得很清楚：生产队厨房里放了两条瘟猪肉，大家等啊等，天终于黑了，猪肉端上来了，放在大洗脸盆里，十几个人满满一桌。刚刚吃没两分钟，忽然灯被吹熄了，然后只听到筷子跟碗碰撞的声音。

一分钟后，不知道谁划了一根火柴，结果一看盆子空了。第二天上工，有一多半人没来，为什么？都拉肚子了。因为好久没吃过油了，再加上又是瘟猪肉，但是大家仍然感觉很幸福，刘永好觉得这是这辈子他吃的最香的东西。

东盛集团董事长郭家学也讲过一个与猪相关的故事，比刘永好还要惨。

郭家学第一个创业项目是养猪，他发誓要做科学养猪第一人，每天凌晨 4 点不到就起来喂猪。为了能稳定投放 6 次饲料，他一天只能睡 4 个小时，结果几个月下来，猪又肥又壮，郭家学却瘦得跟猴一样。

猪养肥了，总得卖，但山区地势陡峭，无法通车，他又怕赶猪会从悬崖上掉下去，就只能把 200 多斤的猪捆到门板上，自己一头一头地背着走十几里山路，常常是猪屎猪尿和着汗水一起顺着脖子往下淌。

我数次听郭家学讲这个故事，每次讲到这里，都是短暂的沉默，然后是持续的掌声。这个故事会让你感觉到脖子真的黏糊糊、臭烘烘的。

有时候你分享的不一定是自己的故事，只要储存几个这样的故事，然后在需要时抛出来即可。我们天生愿意体验美好的瞬间，但更善于记忆和复述悲惨的日子，创业维艰，所有人都无法摆脱自己的脚印，而它们总会有用武之地。正如电影《冈仁波齐》中揭示的：人生没有白走的路，每一步都算数。你走的每一步都如同战士身上的伤疤，而听众也会从这些故事中获得力量——原来如此成功的人也曾经历过艰难的岁月，你和听众之间的距离自然就拉近了。

这样的故事必须用细节来填充，才能具备震撼人心的力量。假设刘永好只讲一句：当年我们吃过瘟猪肉，现在想起来都觉得很幸福。没有吹灯、划火柴这些动作，你能在他讲时感觉好像也充满了口水吗？郭家学只讲他背猪下山，没有"猪屎猪尿和着汗水一起顺着脖子往下淌"，你会感觉脖子也黏糊糊、臭烘烘的吗？

"从哪里来"的故事不只有悲剧，它是因果中的"因"。很多企业家都善于讲自己父母兄弟的故事，这或许是下意识的。大量研究都证明，一个人与他的原生家庭有着千丝万缕的联系，而这种联系可能影响他一生。甚至有些已经忘记了的事情也会产生很大的影响。人好比一台运行良好的电脑，平时我们看到的电脑界面是需要看到的界面，但决定如何呈现这些界面的程序却隐藏在电脑编好的程序中。因此，人也受看不见的程序的驱使，它们会对我们的行为产生影响。

找到这种故事，并聚焦于它给你带来的感觉，只有你自己感觉到它隐藏的力量，才能更好地将其传递出来。

要到哪里去

"要到哪里去"是与愿景相关的故事。愿景是最好的黏合剂，你不能沉醉在自己的梦想里，梦想必须种在和你同行的人心中才有力量。你可以想象，马丁·路德·金如果只是让《我有一个梦想》在内心回荡，这和他在林肯纪念堂前，向 25 万人发表演讲的效果相比，差别还是很大的。

2012 年我在南非出差，时逢纪念曼德拉被捕 50 周年的雕像正式揭幕。这个雕像由艺术家马尔科·钱法内利创作，由 50 根钢柱组成，宽 5.19 米，高 9.48 米，长 20.8 米，曼德拉的头像就如同在监狱栅栏中。这个雕像揭幕的一瞬间，很多围观者都垂下头揉眼睛。

南非曾爆发过激烈、血腥、持久而骇人听闻的种族冲突，曼德拉用伟大的精神力量将之弥合。他入狱 27 年，1991 年出狱，在总统就职典礼上做出了震惊世界的举动。

总统就职仪式开始后，曼德拉起身致辞，欢迎来宾。他先介绍了各国的政要，然后说，虽然他对能接待这么多尊贵的客人深感荣幸，但最高兴的是，他被关在罗本岛监狱时的 3 名前狱方人员也能到场。他邀请他们起身，以便介绍给大家。

看着年迈的曼德拉缓缓站起身，恭敬地向 3 个曾关押、折磨他的看守致敬，在场所有来宾都静下来了，对他的博大胸怀肃然起敬。

曼德拉是很清楚"要到哪里去"的人，正因如此，他才能做到"过往不念"。他向朋友们解释说，自己年轻时性子很急，脾气暴躁，正是在狱中学会了控制情绪，才活了下来。他说起获释出狱当天的心情："当我走出囚室，迈过通往自由的监狱大门时，我已经清楚，自己若不能把悲痛与怨恨留在身后，那么我其实仍在狱中。"

他的出狱演讲与《我有一个梦想》同样有时代穿透力，他在最后说："我想回顾一下我在 1964 年受审时说过的话。这些话在当时和现在都一样千真万确。我说过，我为反对白人统治而斗争，也为反对黑人统治而斗争；我珍视民主和自由社会的理想，在这个社会中，人人和睦相处，机会均等。我希望为这个理想而生，并希望实现这个理想。但是如果需要，我也准备为这个理想而死。"

只有看到未来，才能创造未来。这其中的挑战在于，当你砌下一块砖时，要告诉别人你是在建立一座教堂。

　　马云是讲"要到哪里去"的高手。2018年10月，他在以色列的演讲再次刷屏，他结束演讲之后，以色列政府官员跑上台兴奋地回应："马云，马云，你疯狂了，我也一起疯狂！我们会追随你一起为创新而疯狂，说不定未来还会更疯狂，谢谢你，马云！"

　　他到底说了什么，让以色列人如此兴奋？他说，对很多人来说，眼见为实；对于创新者来说，相信就会看见。创新者不是一个人，而是一群人。那些创新者是看起来像疯子、骗子、懒惰的那些人。他还说今天年轻人说没有机会的论调他听了40年，而他年轻的时候非常恨比尔·盖茨，觉得微软、IBM、甲骨文把所有机会都抢走了，但他后来意识到，有人抱怨，这就是机会。很多人还在抱怨和焦躁，如果你解决了这些问题，这就是机会。

　　你也许会觉得这些话不过是鸡汤，因为是马云说的，才显得有力量。但查看他创业之初的讲话记录，就会发现他对"要到哪里去"一直想得很清楚。现在可以查到他1999年的演讲视频，当时他只有18个员工，还包括他的妻子。清瘦的他"张牙舞爪"地说：黄页所要瞄准的对象不是国内站点而是国际站点。我们的竞争对手不在中国，而在美国硅谷。

　　当你讲一个未来的故事时，不能只是画饼，也要坦率告知"往那里去"可能付出的代价，这样才能真正激励志同道合的人。因此，马云在描述愿景之后，还补充说："如果我们早上八点上班，下午五点下班，这不是搞高科技，也绝对不是阿里巴巴的精神。如果我们以这种精神上下班，赶紧去其他地方。"

　　"到哪里去"的故事与变革有关，这也是今天企业领导者面临的最大挑战之一。需要让一个人做出改变是很难的，我们更习惯于固执己见。当你宣讲"到哪里去"时，遭遇冷漠或敷衍是正常的，而你又没有时间把变革搞成一场旷日持久的战争，此刻，讲故事就特别重要。

相比一份充斥着各种数据、图表的 PPT，一个有激励作用的故事更容易在组织内形成涟漪效应，你不一定要向马云那样强硬地告诉别人"赶紧去其他地方"，你甚至可以暴露自己脆弱的一面。

徐小平曾分享自己离开新东方之后，突然不知道要到哪里去的故事。

> 刚离开新东方那会儿，虽然有了大笔的钱，但有一天走在国贸附近的人行道上，看到在身边快速行走，忙忙碌碌，欢天喜地的年轻人，突然想大哭一场。这种大哭实际上是对于俞敏洪和新东方"失恋"的感觉，而这个感觉让我花了起码有五年的时间，直到真格基金正式成立，才算真正走出来。
>
> 我和王强经过几年摸索，终于发现我们可以用自己的资金、自己的经历、自己的号召力，为留学生架起一道回国创业的"彩虹"。而这道"彩虹"的光谱，和我本人在新东方极力宣传的新东方使命是如出一辙，一脉相承的。[1]

讲变革对个人价值的影响，更容易获得积极的反馈。

---

[1]　资料来自 2018 年 12 月 1 日《王峰十问徐小平》。

我是谁

对创业者而言，这是最难讲的故事——并非简单地告诉别人你是谁，而是要触动他潜意识中对你的认同。

与描述"我从哪里来"不同，讲好"我是谁"的故事，需要自我标签，同时还要对这张标签进行层层解构。切记：少用形容词来形容自己，那会让一个人的形象如同二维照片，缺乏灵魂。记住马克·吐温的忠告：抓住一个形容词就把他杀死。

新东方创始人俞敏洪善于告诉别人"我是谁"，他给自己的标签在别人意料之外——自卑。1980 年，经过三次高考才被北京大学西语系英语专业录取。第一天去北大报到，他穿着布衣、挑着扁担、背着脸盆和棉被走进宿舍，舍友很吃惊：没开学就有人来搞推销了！

有一次俞敏洪进宿舍，室友在读书。他随口就问："看什么书呢？"舍友说："《第三帝国的灭亡》。"俞敏洪满脸不解地问："上英语系，看这种书干吗？"室友不屑地瞥了他一眼，这让他终生难忘。

他普通话不好，轻易不敢开口，社交圈子很小。因为英语听说水平一般，开学一个月后便被分到了 C 班，而 C 班里主要是那些语音语调及听力成绩不好的同学。

所谓屋漏偏逢连夜雨，大学三年级的俞敏洪得了肺结核，休学住院一年。

进入北大之前，俞敏洪并不自卑，他是老家的状元，是天之骄子。可大学五年，他过得实在是压抑，身边的同学在任何一方面都比自己强。心理负担越重，他就越封闭。他曾经哀叹："曾经有一个男孩，在大学四年的时间里没有谈过一次恋爱，没有参加过一次学生会。"这个男孩就是他自己。

俞敏洪找到自信的方式就是拼命背单词，他硬是背下一本英汉词典，成了新东方早期词汇量最丰富的老师。

从自卑到自信，他用了十年的时间。他在演讲中说："我的自卑延续了整整十年，直到我从北大出来，做了新东方，有了钱，最后发现我居然有能耐把徐小平和王强从美国非常好的岗位上拉回来一起创业的时候，我才开始对自己有了内心的认可。有了徐小平和王强的鼓励，我才从自卑中摆脱出来。"

由此可见，告诉别人"我是谁"不是解释行为，不是围绕自我标签的展开，而是让听者体会到你生命的节拍。在被称为编剧界圣经的《故事》一书中，罗伯特·麦基将之称为"弧光"，也就是人物在轨迹发生变化时，如同路灯打在转弯的车身上，会映射出一道弧光，这才是魅力所在。

麦基这样定义弧光："最优秀的作品不但揭示人物真相，而且在讲述过程中表现人物本性发展轨迹或变化，无论是变好还是变坏。"

展现自我，有时需要在特定场景下制造仪式感。

2018 年 1 月，王石在水立方举办了一次盛大的跨年演讲，这场《回归未来 2017—2018 跨年之夜》精心设计为五个篇章，分为《启幕：生命的本源》《第一篇章：人生充满无限挑战》《第二篇章：活成一个健康、完整的人》《第三篇章：如何面对生死》《第四篇章：人之为人，追求美好，美美与共》。

他将自己的人生轨迹描述为字母"M"，由三个主要的点构成，即"M"上端的两个高点和中间底端的一个低点。当你在展现"我是谁"时，也不应该是一条直线，而应该是一幅心电图。虽然整个过程是用故事串起来的，但这是一套完整的分解方案。

王石用了三个半小时，用自己的温情时刻、至暗时刻和高光时刻撑起了这五个篇章，让听众感觉到这个 67 岁的人依然有旺盛的生命力，这也是我听过的对"我是谁"最精彩的演绎。在之前的宝万股权大战中，王石的形象已严重受损，人有晚节不保的风险，而这恰恰是他珍惜羽毛的过程，否则他也不会正当盛年却把权力移交给接班人郁亮。这个硬汉最后扳回了一城，重建了形象。

一 八种讲故事的技巧 一

多数企业家没有马云、俞敏洪或者王石那样卓越的表达能力，讲故事对他们来说比看报表难多了。聪明人并不一定是好的表达者，许多人的思维能力超过了自己的语言表达能力，另外还有人虽然善于表达，却抗拒过多的曝光。不过，只要掌握下面这八种技巧，所有企业家都能轻松成为故事大师。

行为触发

我在线下讲形象管理课程时，开场总会组织一个小游戏。我会请几位听众上来，用两分钟的时间，讲一个自己在转折点上的故事。最后在演讲过程中获得掌声最多的人（注意，不包括开头和结尾的掌声，因为这两次鼓掌通常是礼貌性的），会得到一份小礼物，而这个获奖规则，所有听众并不知道。

这个游戏我做了二十多次，而在演讲过程中获得最多掌声的是一位来自唐山的创业者。他并非口若悬河，也并非煽动性极强，相反，他一上台就表现得很紧张，两肩紧绷，嘴角抿住。他垂下头说，自己有演讲恐惧症，在台下开会没问题，但从来不会站到台上，这还是他首次公开分享。"其实，我并不知道要讲什么，"他看起来要马上逃走，但他继续说，"但我还是上来了，这就是我的转折点。"

然后，他就尴尬地站在台上，站够了两分钟。

掌声一直没有停过。

有时，不用开口也能"讲"一个广泛传播的故事。故事的魅力并不全部在于语言，即使有人能一字不差地复述俞敏洪的故事，细致入微地复制他的动作神态，也很难达到与他同样的效果，所以不要苛求自己的表达技巧，因为还有很多替代性方案。

图 10-1 是一张在 2016 年 4 月刷屏的照片，华为创始人任正非独自在上海虹桥机场排队等出租车。同一时期流出的还有他疲惫地坐机场大巴，以及在华为食堂打饭的照片。对普通人而言，这不过是日常小事，但当主角是在国内商界已经赫赫有名的任正非，立刻就引发了各种解读，而且，几乎所有解读都是正向的，甚至指向"华为为什么依然保持着创业精神，而比它更年轻的公司却显得垂垂老矣"这类话题。

图 10-1 任正非机场排队等出租车

国内有一位企业家比任正非还低调，那就是顺丰创始人王卫。王卫的形象一直隐在雾中，对他的描述，都琐碎且信源可疑，甚至在网上连他一张照片都找不到。但他在 2016 年 4 月有一次罕见的发声，大大提升了他的正面形象。

2016 年 4 月，一位顺丰快递员在派送过程中与一辆小轿车发生剐蹭，没想到车主下车后连抽快递员耳光并且大声辱骂，任凭旁人如何劝说都不停手。当日晚间 7 点，顺丰官方微博迅速做出回应："我们的快递小哥大多是二十几岁的孩子，他们不论风雨寒暑穿梭在大街小巷，再苦再累也要做到微笑服务，真心希望发生意外时大家能互相理解，首先是尊重！我们已找到这个受委屈的小哥，顺丰会照顾好这个孩子，请大家放心！"

出乎意料的是，王卫发了一条朋友圈，言辞激烈："我王卫向着所有朋友声明！如果这事不追究到底！我不再配做顺丰总裁！"这种有担当的形象，立刻获得如潮好评。

行为触发的核心是符合大众思维习惯。在新流量时代，故事并非一定要完整讲述，它可能只是几秒的视频、一张照片或者一个朋友圈，只要触发了传播按钮，用户会帮你完成剩下的部分。

需要强调，行为不能摆拍，一定要与日常行为轨迹有连贯性，至于在后续传播中是否需要刻意引导，就是不同公司的策略了。任正非一向独来独往，从来不允许公司接送，强调"屁股对着领导，脸对着客户"。基层快递员对自建物流的公司而言是重要资产，又是最容易被歧视、被侮辱甚至被伤害的群体，对这一群体的关注，不独顺丰，京东也如是，王卫做出这样的反应也合情合理。

2017 年 2 月，顺丰控股借壳上市，王卫邀请了被打快递小哥来敲钟。如果说第一次怒发朋友圈是无意为之，此刻的动作已有主动策划的成分。

除了一线快递员之外，同日敲钟的还有深圳客服中心客服代表和顺丰航空的员工。其实，请基层员工或者合作伙伴中的"普通人"敲钟，已经成为上市时特定的行为触发按钮。2014 年阿里巴巴在纽交所上市，马云邀请的八位敲钟人就包括网店店主两位，快递员、用户代表、电商服务商、网络模特、云客服，以及来自美国的农场主各一位，这些行为都在讲述"只有他们成功，我们才会成功"的故事。

找到行为出发点，然后用户会自动帮你完成后面的部分。如果没有熟练的讲故事技巧，最简单的行为触发方式就是尽量简短，过滤掉所有可能令人感到无聊的信息，牢记林语堂 20 世纪 60 年代在某学校毕业典礼上的名言："绅士演讲当如淑女迷你裙，短为佳。"

用矛盾与挣扎增加张力

一个好故事需要有情感按钮。有的讲述者口齿笨拙，逻辑混乱，但他的故事却能像钉子一样钉入你的记忆，这就是情感的力量。

令我印象深刻的是两个与孤独感相关的故事。

经纬中国合伙人肖敏讲过这样一个故事。2010 年的一个深夜，他突然接到猎聘网创始人戴科彬打来的一个电话。2018 年 6 月，猎聘网在港交所上市，戴科彬身价超过 50 亿港币。但那时是戴最困难的时候，他问肖敏在高速收费站没钱了怎么办。

肖敏说："你说怎么办啊，难道我现在给你送过去吗？你找后边的车主借一下呗。"

过了收费站后，戴科彬和肖敏聊了半个多小时。后来肖敏才意识到，戴科彬当时并不是想要什么答案，他只是想找个人聊会天。他太孤独了，不知道该联系谁。

对创业者而言，最难描述的是孤独。你身边的员工、合伙人、家人、投资人，都难以理解你在进行着一场怎样的战斗。华平投资中国区联席总裁程章伦也和我交流过这种感觉，他说创业者最需要的，除了钱之外，有的时候就是能找一个人聊聊天。

2015 年，我与陌陌创始人唐岩有过一次交流，这位创立了基于陌生人的开放式社交软件的 CEO，内心却觉得孤独和寂寞是一辈子的事。他讲了这样一个故事。

在世界杯决赛时，他钟爱了近 20 年的阿根廷队惜败对手。当时他的太太和儿子都在美国，他一个人在家里无所适从，脑袋里冒出一个开车出去走走的想法。于是他往包里塞了几件衣服，跳上车疾驰而去。但是目的地是哪儿他毫无头绪。半夜 1 点，车开到了天津外环，他想找个地儿落脚但还是很烦躁，念头急转，索性继续往前开，三点多他睡在了济南。

之后，唐岩开车穿行于连云港、南京、杭州、千岛湖等地，一门心思游山玩水。在南京时，他白天窝在酒店睡觉，傍晚耳朵里堵上耳机，大街小巷地漫走。

他告诉我自己很希望有个姐姐，如果有个姐姐，还能有人聊聊天。

我问他为什么不找哥们一吐为快？他长吁一口气，道："男的之间怎么能扯这些？到三十岁，男人就几乎不太可能找到所谓的倾诉对象。"沉默片刻，他又说，"熬啊，只能熬着。孤独是没办法解决的。"

分享你的感受，或者收集类似的故事，很容易与听众产生情感联系。

有张力的故事通常围绕着自我，或者与他人的冲突，以及由此引发的两难困境展开，你必须在两种不同的价值观之间做出选择。而困境无处不在：选择给谁升职？拿哪一家投资机构的钱？战略是应该激进还是保守？

张力来自摇摆不定时的紧张感，要讲好这样的故事，不要让听众只关注结局，要让他们聚焦在这个挣扎的过程中。

掌握简单有效的故事框架

表达需要磨炼，例子需要积累，金句需要提炼，唯有框架能够迅速掌握。部分作家或专业文字工作者可能会鄙视这种格式化的东西，但对企业家而言，多熟悉几个脚本可以降低你对讲故事的恐惧。

神话学作家约瑟夫·坎贝尔（Joseph Campbell）在名著《千面英雄》中，提出一个关于"英雄之旅"的框架。这本书总结了自古以来神话传说之间的联系，认为英雄的旅程都包括以下四条必经之路，从这个角度看，所有英雄都是同一个英雄。

> 启程：放弃当前的处境，进入历险的领域。
>
> 启蒙：获得某种以象征性方式表达出来的领悟。
>
> 考验：陷入险境，与命运搏斗。
>
> 归来：最后再度回到正常生活的场域。

这也就是"迷惑—寻求—冒险—突破—了然"之路。从普罗米修斯盗天火、伊阿宋取金羊毛、吉尔伽美什寻找长生药到《星球大战》《X 战警》和漫威宇宙，几乎所有故事都采用了这个框架。创业也是不折不扣的英雄之旅，当你讲自己或者其他创业者的经历时，可以试着用一下这个框架。

2017 年 10 月，程维在清华的一个 120 分钟的演讲，就完整采用了这个框架。

> 启程：临近毕业的时候，我同样感到困惑与迷茫。在毕业的第一年，我换了六七份工作，当时很多工作，我只做了 3 个多月就放弃了。
>
> 启蒙：直到 2005 年的某一天，我做了人生最重要的一次选择，也是最重要的一个决定——投身互联网行业，加入阿里巴巴。

考验：创业 5 年，滴滴经历了从 0 到 1 的冷启动，（经历了）很多生死挑战和残酷的国内外竞争。

归来："让出行更美好"是滴滴的初心。到今天，出行更美好的使命只实现了 1%，还有太多事要做。

千面英雄介绍的当然不是唯一的故事框架，你也可以建立自己在主要应用场景中的框架。有一个关于如何讲压力的框架经常被采用：数据对比—日常行为描述—反常行为收底，比如下面这段描述。

2014 年夏天，是美团与饿了么竞争最激烈的阶段。进入外卖领域不久的美团正迅速铺向 100 个城市，而创业已 6 岁的饿了么，开城仅 12 个。饿了么联合创始人康嘉独自开着一辆奔驰 GLK 越野车，跑遍了上海周边的城市，越跑心情越郁闷，因为他看到原来以为没有外卖需求的城市，都已经让美团拿下。康嘉后来回忆，自己在巨大的精神和体力压力下，等红灯时会突然睡着。

我个人经常用的另外一个故事模型是"热点 + 痛点 + 经典"，下面做简要说明。

热点：罗永浩 2018 年 10 月开了一次没有手机、卖拉杆箱的发布会。

痛点：罗永浩在透支自己的 IP 价值为锤子续命。

经典：罗永浩所对应的是金庸小说中乔峰、杨过、慕容复三种形象。

设计几种自己常用的故事场景，然后在日常生活中练习将情节代入框架。你很快会觉得它太麻烦，但还是决定试一遍——恭喜你，这是成为一个故事大师必须经历的考验。

差异变形

故事框架是常规武器，我们也可以使用非常规武器。

我的合伙人杨铄今老师是经验丰富的主持人，他反复讲过制造戏剧感的一种常用方式，叫作差异变形，如让小品演员表演舞蹈，让歌唱家去说相声等，换句话说，对于一个你习惯了的故事，换一种逻辑结构、讲述方式或者结尾，加入新元素，让你以为故事会在这条跑道上发展时，它突然进入了另一条岔路，让你不禁一笑或者一哭。

很多段子都采用了差异变形的方式。如，农民给地主打两个月的短工，地主承诺每天给农民两斤米作为酬劳，但聪明的农民提出了另一种方式：第一天只要一粒米，第二天要两粒，第三天四粒，第四天八粒，以此类推……直到两个月，地主很开心地答应了。

故事讲到这里，你或许已经明白，两个月之后，地主搬尽谷仓也难以支付农民的酬劳。

但是，此处故事的结局是这样的：农民坚持了七天，终于饿死了。

还有一个流传多年关于公主与武士的爱情故事。公主爱上了国王的武士，国王认为两个人并不般配，又不愿意让女儿太伤心。国王想出一个办法，将武士关进角斗场，角斗场有两扇小门，一扇门里是老虎，一扇门里是公主，让武士做出选择。如果选的是有老虎的门，武士就会被吃掉，如果选的是有公主的门，武士就可以迎娶公主，一切交给命运。聪明的公主想出一个办法暗示武士，最终武士迎娶了公主。

如果将这个故事做一个变形。两扇小门里，一面装着老虎，另一面装着公主的侍女。如果选的是有老虎的门，武士会被吃掉，如果选的是有侍女的门，武士就要迎娶侍女。公主知道每一扇门后的秘密，武士也知道公主了解谜底，上场之前，武士看了一眼公主，他希望公主能给自己一个提示。

但此刻公主内心千回百转，她必须做出一个抉择：是亲眼看着爱人被老虎吃掉，还是看着他迎娶另外一个女人？

这样的故事，是不是更容易激起听众的兴趣？

你甚至可以通过改变故事，来调整管理行为。如很多人都习惯发朋友圈晒自己加班的状态，其实这并不是一项值得鼓励的行为，但我们公司有一项独特规定，叫"发现身边人的美"，鼓励同事"举报"彼此的美德，特别是跨部门之间。"举报"经过查实后，双方都会获得一定奖励。如 A、B 两人周末都在加班，如果 A 只是秀自己加班的照片，不能获得表彰，但如果 A 发了一张 B 加班的照片，则 A、B 都在表彰的范围内。

通过对故事进行变形，可以创造一种"在意别人的在意"的故事，营造良性组织氛围。

营造画面感

判断一个故事的质量，最简单的方式就是请一位听众复述一遍，听众能复述出来的都是画面感最强的部分。我们的大脑对画面天生比对文字和数据更加敏感，大脑处理图像的速度是单纯处理文字的速度的六万多倍。善用画面，如同在黑暗的舞台上打上聚光灯，能让听众将注意力集中到你想让他们关注的地方。

我职业生涯中访谈的第一位企业家来自宁波，名字我早已记不清楚，但他说的一段话我依然很清晰地记得。

管理中要警惕三种动物：温水中的青蛙，它们难以被激发，会拖垮团队的节奏；房间里的大象，它们会集体拒绝承认问题的存在，直到问题爆发；团队中的河马，它们有经验、职位高，但不重视具体业务，经常通过向低级别的员工恐吓施压的方式来达到自己的目的，让员工焦头烂额。

实际上，他说的都是管理中的常识，但如果没有对应到这三个形象的比喻中，就不会在我的记忆中产生化学反应。

道理总是显而易见，让听众大脑中出现画面，有利于让对方了解你的想法，比喻是最常用的做法。

艾森豪威尔将军有一次派军士去打听战况，并要求军士向他汇报。士兵做出了一个军事史上对于包围最形象的比喻："先生，想象一个面包圈，我们就是中间的那个洞。"

埃隆·马斯克曾有一个打动了很多创业者的比喻：所谓创业，就是嚼着玻璃凝视深渊。

比喻是把一个形象转移到另一个形象上，你要为这种转移建立一条通路，陈词滥调会阻塞这条道路——你可以想象一下，军士向艾森豪威尔这样汇报：我们已经被围得像铁桶一般。或者马斯克如此描述创业：创业就是一次危险的航行。这些比喻都是写在沙滩上的字，几分钟后就会被海浪抹掉。

制造画面感需要刻意练习，你可以尝试在工作中用比喻把复杂问题简单化，并说服对方。比如你要告诉人力资源副总裁注意组织架构重叠的问题，可以说：想象一下假如开的是一辆有两个方向盘的车，而且有两位驾驶员。

重复的力量是伟大的

我认为开头最精彩的文学作品，不是《百年孤独》，而是德国作家帕特里克·聚斯金德（Patrick Suskind）的《香水》，它讲了一位香水奇才谋杀 26 位少女的故事，每一次谋杀都是为了把她们特有的味道制成香水。

这部写香的小说，却以臭开头，开篇写的是 18 世纪世界上最臭的城市巴黎，在它历史上最臭的 1738 年 7 月的某一天。在开篇第二段，作者就用了 26 个臭字，这本是写作中的大忌，但文章读来却毫不滞涩，惟觉一股臭气透过纸面而来："桥下和宫殿里臭不可闻。农民臭味像教士，手工作坊伙计臭味像师傅的老婆，整个贵族阶级都臭，甚至国王也散发出臭气，他臭得像猛兽，而王后臭得像一只老母山羊。"

重复的力量是伟大的。好故事需要重复，这种重复不是"碎碎念"，而是通过观念、情绪与事实的叠加，强化用户的印象。我们前文提到的电影《冈仁波齐》曾在创业圈引起轰动，很多创业公司都包场去看。这部电影几乎没什么情节，就是"磕头""念经"，但这种重复中隐藏着汹涌的力量，创业者从中看到了自己，这部电影提醒着他们，不要只关注那些所谓的绚烂精彩，要想能否坚持下来。日复一日地重复，在重复之中尊重自己的内心。

通过重复来强化故事的意义，最经典的例子莫过于马丁·路德·金的《我有一个梦想》。

> 我梦想有一天，这个国家会站立起来，真正实现其信条的真谛："我们认为真理是不言而喻，人人生而平等。"
>
> 我梦想有一天，在佐治亚的红山上，昔日奴隶的儿子将能够和昔日奴隶主的儿子坐在一起，共叙兄弟情谊。
>
> 我梦想有一天，甚至连密西西比州这个正义匿迹，压迫成风，如同沙漠般的地方，也将变成自由和正义的绿洲。
>
> 我梦想有一天，我的四个孩子将在一个不是以他们的肤色，而是以他们的品格优劣来评价他们的国度里生活。
>
> 今天，我有一个梦想。我梦想有一天，亚拉巴马州能够有所转变，尽管该州州长现在仍然满口异议，反对联邦法令，但有朝一日，那里的黑人男孩和女孩将能与白人男孩和女孩情同骨肉，携手并进。
>
> 今天，我有一个梦想。
>
> 我梦想有一天，幽谷上升，高山下降；坎坷曲折之路成坦途，圣光披露，满照人间。

这是历史上最伟大的演讲之一，所用的技巧就是"首语重复"，这种技巧可以增强力量，增加韵律，推动马丁·路德·金描绘的这幅蓝图变成现实。

企业家中的故事高手都善于使用重复的技巧。马云就惯用这种方式，如他在谈到员工培养时，会提到他最得力的干将往往由自己一手栽培，而非空降兵。紧接着，他换了一种说法，重复了同样的意思。

这种反复当然不是口误，而是因为用不同的方式重复同样的信息可以在听众大脑中刻下一道更深的印记，能强调观点的重要性，给予听众消化信息的额外时间。

在湖畔大学第三期开学典礼上，马云特别谈到了为什么要重复："我上来之前，大家想你到底今天想跟大家讲什么，我觉得其实好的东西要重复讲，年年讲、月月讲、时时讲。公司里面的信念也是一样。我是在 2001 年、2002 年开始觉得价值观和使命感对于一个企业是多么重要，我觉得每一个人进来，必须得了解、学习，包括保洁阿姨。只有不断地强调，强调到相信之后，身边的人也会相信。"

一个好故事最好围绕一个主题反复推进——你不能让听众同时盯住两个目标射击，而是要反复告诉他靶心在哪里。在碎片化传播的时代，人的记忆已经与金鱼接近，当你准备讲一个故事之前，可以预埋几个重复点，重复如同路标，让讲者和听者都不迷路。

找到属于你的故事，然后反复讲，不断迭代、告知，才能搭建起形象的基座。

同理心与同情心

如果你的故事与听众无关，即使再精彩也难以调动他们的情绪。故事讲述者最容易犯的错误是没有明确告知别人为什么应该重视你的内容以及你的话对他们有何价值时，就开始直接传达信息。一个有魅力的讲述者，总是以"你"开头，而不是以"我"开头。

企业家讲故事，既要有同理心，又要有同情心。北京大学汇丰商学院管理学教授、领教工坊创始人肖知兴老师认为，同理心是了解他人内心感受的能力；同情心是体会他人内心感受的能力。变态杀手同理心强，但完全没有同情心；一些自闭症患者，同情心极强，但没有基本的同理心。一些创业老板是像"变态杀手"还是像"自闭症患者"？答案有点惊悚：更接近"变态杀手"。因为他们很多人都是超级业务员出身，成功的销售需要强大的同理心，却未必需要太多的同情心。

肖老师认为，要建立良性的组织文化，不仅需要同理心，也需要同情心。优秀的管理者必须既是"变态杀手"，又是"自闭症患者"，例如华为"不让雷锋吃亏"的大力度财富分享制度，就来自任正非等主要管理者对默默付出者强烈的同情心；海底捞独特的"考核—拓店—晋升"三位一体制度，就来自创始人张勇对农民工的强大同情心。

当你准备讲一个故事时，请先回答两个问题：我能否简明直接地向听众表明即将要讲的是他们感兴趣的内容？我如何避免观众内心发出"关我什么事"的抱怨。

设定目标带节奏

要让你的故事卓有成效，需要有明确的目的性。为什么选择这个故事而不是另一个故事？它要传达什么价值观？你不能边讲边想，要提前做好设计。

首先要有清晰的受众定位。你要给谁讲故事，媒体、股东、合伙人还是供应商？你希望通过这个故事让他们转变心态还是马上采取行动？这都决定了故事该怎样讲。

你或许看过《少年 Pi 的奇幻漂流》，书中谈到 Pi 这个名字的含义：Pi 等于"π"，代表圆周。"人们总希望自己的一生是圆满的，但常常忘记了，想要画出一个完整的圆，要保持圆心恒定不动。坚定地秉持一个信念也好，毫不犹豫地朝向一个目标也好，这都可以成为我们生活中的圆心，半径另一端不断地划过圆周，但圆心始终不变。"故事同样需要一个圆心，不要沉醉于讲述，而忘记为什么开口。

故事和文章一样，也有开头、过程和结尾。对第一句话千锤百炼都不过分，你可以在开篇就说明自己的目的，如"我准备用五分钟来和你讨论在什么样的情况下可以获得晋升"。然后插入一个关于激励的小故事；也可以直接从故事开始，如"与咱们合作的甲公司办公室主任的岗位空出了，总经理提拔了张三，和张三资历、年龄差不多的李四心里不平衡"。

但切记，不要一开口就设置一种对立状态，如"我准备用五分钟来和你讨论一下为什么你一直无法升职"。这会拉远你和谈话对象的距离。

要想实现目标，就要在讲述过程中制造"意料之外"。你可以设置不同的引线，同时确保这些引线能刺激听者自己去发现你的意图，而不是强制性地将信息灌输到他们的大脑中。

还是回到《少年 Pi 的奇幻漂流》中。Pi 和访问他的作家讲起了少年时的故事，在第一个故事中，海难之后，他和孟加拉虎在一艘救生艇上共同经历了 200 天的漂流，孟加拉虎吃掉了同船的斑马、豺狼和红毛猩猩，最后却与少年发展出相互依存的人虎友谊。

在 Pi 的第二个故事中，同船者不是动物，而是恶毒的厨师、受伤的水手以及 Pi 的母亲。厨师想把水手的腿砍下来钓鱼，Pi 的母亲起身对抗却被杀，愤怒的 Pi 杀了厨师，最后直接或间接地吃了水手、厨师和母亲。

这两个故事哪个是真的？普通人肯定会这样问。但作者扬·马特尔没有落入流俗，他借中年 Pi 之口问作家："你比较喜欢哪一个故事？"

这真是点睛之笔，第一个故事神奇而温情，第二个故事现实而残忍，你喜欢哪一个呢？作者最后也没有揭开谜底，但球已在讲述过程中滚到了倾听者脚下。

好故事虽然每一句都与结果相联系，但你不用自己将所有谜底都揭开。

想一想

1. 列出三位一线企业家，对应 IP 价值四维图，判断他们分别占据哪几个象限。

2. 概念力是 IP 打造中最难的部分，如果你是一家刚起步的连锁咖啡企业创始人，你如何在这个成熟的市场中培养自己的概念力？

3. 尝试讲三个故事：它们分别发生在你的至暗时刻、高光时刻和选择时刻。

IMAGE VALUE

05

管理关键时刻

IPO 前后，与投资人接触、参加论坛及饭局、发布产品、接受洽谈，在每一个关键时刻，让每一个接触点都是体验的正向加分。

> » 以机构投资者为主的市场，受到常规正面信息或者负面信息的影响都不大，关键是保证对外传播信息的一致性与真实性。
>
> » 低调是最好的 IPO 关键时刻形象管理，最好能完成一次缺乏形容词的 IPO。
>
> » 要将每一次公开亮相作为与用户的邂逅，但要提前筛选，参加了不合适的活动反而是减分项。
>
> » 在这样的新媒体环境下，为了维护创始人和公司的形象，成熟的企业通常会有一支"导弹部队"，一支"防化部队"。
>
> » 你在媒体上呈现出的最终形象，70% 都由采访过程决定。它往往并非宾主尽欢，更像思想对撞，甚至唇枪舌剑——你要拥抱，而不是抗拒这种感觉。

形象管理不是通过一两个动作就能完成的，它可以切分为若干个关键时刻。

关键时刻的理念在商界最早应用于从以产品为导向向以客户为导向转型的实践中。以北欧航空公司前 CEO 卡尔松先生提出的"15 秒理论"为例，卡尔松指出，2005 年，北欧航空公司总共运载约 1 000 万名乘客，平均每人接触 5 名员工，每次 15 秒。也就是说，这 1 000 万名乘客每人每年都对北欧航空公司产生 5 次印象，每次 15 秒，全年总计 5 000 万次。这 5 000 万个关键时刻便决定了公司的总体形象。因此，北欧航空必须利用这 5 000 万个关键时刻来向乘客证明，搭乘我们的班机是最明智的选择。

20 世纪 90 年代，业务流程再造成为管理界新风潮，经营者逐渐意识到，与客户接触的每一刻都是关键时刻。如果每一次接触都获得体验的正向加分，那么最终必将形成企业的竞争力和核心优势，而维系客户关系更是依靠成千上万个这样的关键时刻。

形象管理也是如此，需要做到每一次接触都获得体验的正向加分。其中，与媒体接触是最重要的触点之一，而这个触点本身正发生着剧烈变化，因此，我们将这一部分拿出来单独呈现。

第 11 章

四大关键触点

— IPO 前后 —

IPO 是一家创业公司的高光时刻,但如果形象管理失败,它也可能成为企业的至暗时刻。IPO 期间,失败的形象管理可能影响企业的上市进程及市盈率,最糟糕的情况下,还会成为企业发展里程碑上难以拭去的商誉污点。

2018 年出现了汹涌的上市潮,以 360 借壳回归 A 股为序幕,富士康、小米、映客、优信、拼多多、爱奇艺、哔哩哔哩、蔚来汽车、趣头条、美团、华兴资本、海底捞等优质企业相继 IPO,带动港交所 2018 年上半年的营收创下新纪录,同比增长 32%。

资本市场大抽血的背景下,破发率^①也已超过七成。但在 2018 年,评

---

① 破发率,指股价跌破发行价的概率。——编者注

价一家公司的 IPO 表现，不能简单地用是否破发来衡量，毕竟抓住窗口期抢位更重要。评价的核心指标应该是一个"稳"字，它由前后一个月的舆情引导、估值期望落差、创始人人设变化等要素构成。

"稳"看似保守，但在 IPO 过程中，比"闪亮登场"要难得多。

这段时间，你要保持静默，对手却能随意攻击你；招股说明书发布后，你要接受全方位、穿透式的审核。IPO 是对创业红利的再分配，也是不同利益主体的大博弈，从路演到敲钟，再到公开亮相，都对创始团队的心力、体力提出了极大的挑战，每句话、每个动作都要得体。但悲催的是，你几乎不可能不出错。

以拼多多为例，它的 IPO 就几乎升级为一场全民舆论危机。7 月 26 日，它在纽交所上市。7 月 30 日，拼多多微信搜索指数日环比上升 87.06%，比上市当日高得多，而且负面新闻占了一多半。讨论内容主要关于山寨、假货、"三无"产品，甚至它起家时做过色情游戏的经历都被挖了出来。拼多多还被调侃为消费降级的代表，网友批评其"使中国倒退了 20 年""3 亿人都敢骗的购物平台"。负面新闻的代价直接体现在股价上，IPO 首日暴涨 40% 后，随后 5 个交易日拼多多股价累计下跌约 27%。

拼多多 IPO 的遭遇另一家公司也曾经历，就是趣店。

2017 年 10 月 18 日，趣店在美 IPO。趣店用不到三年半的时间，创造了一家市值达 79 亿美元的公司，成为国内分期信贷领域第一股，半年利润达 10 亿元，创始人罗敏身价过百亿。这本来是个励志故事，但罗敏把这个故事讲得很糟糕。

上市之后，获得千倍回报的投资人按捺不住兴奋，各种表态。对投资人而言，卓越的回报当然是最好的公关素材，但他们忽略了一点，这等于把聚光灯引向了敏感部位。在趣店上市前，围绕与其商业模式相关的现金贷、高利贷、校园贷等敏感问题，罗敏已陷入一轮拷问。IPO 之后的财富狂欢，更如同树立了一个标靶。最重一击来自一篇标题为《揭开趣店上市的面具：一场出卖灵魂的收割游戏》的文章，该文认为趣店本质是"一种互联网次级贷款（高利息小额借贷）生意，收割的是一群消费水平超出了消费能力的低收入群体"。

拼多多与趣店肯定都知道自己的商业模式中存在硬伤，而类似批评一直与其成长如影随形，它们可能已习惯与之共存，并自以为有成熟的应对方案，或者以为在上市之后能更从容地处理这些问题，它们都没想到自己会突然被一波舆情大爆发搞得措手不及。它们随后的表现再次证明它们对 IPO 这个关键时刻缺乏了解。

趣店第一时间发出一封措辞强硬的声明，称造谣者恶意诋毁，他们将用法律维权，"将立即启动一切必要的法律手段进行维权，包括但不限于民事、行政乃至刑事等，让造谣诽谤者付出应有之代价，还互联网舆论旷朗无尘！"这一回应激起了众怒，而罗敏接着又做了一个错误动作，他在一篇访谈中说道："凡是过期不还的，在我们这里就是坏账，对坏账，我们一律不会催促他们来还钱，电话都不会给他们打。你不还钱，就算了，当作福利送你了。"在稍有金融常识的人眼中，这种说法实在过于轻率。

漏洞百出的回应过后，罗敏再次火上浇油，以"临时有事"为由取消了原本陆续开展的 CEO 专访。已承诺的事突然变卦，更容易激起众怒。一场财富狂欢至此彻底变成了舆论灾难。

拼多多处理得略好一些。7月31日，它在上海召开沟通会，不在采访名单上的拼多多创始人黄峥突然出现在办公室，与媒体交流近三小时，这也是黄峥创业以来第一次花这么长的时间与媒体沟通。

拼多多列出了他们的打假成绩单，黄峥同时表示，山寨的问题比假货严重，拼多多在这方面做得不够好。他还强调拼多多始终以消费者为第一位。可引起广泛传播的是他说的另一句话："拼多多是否有能力解决行业问题？一边倒地压到拼多多身上，我们觉得对三岁的拼多多也是非常不公平的。"也许黄峥说得没错，但这句话被解读为"三岁"不该成为拼多多逃避责任的借口，现在人们不可能再像对待早期的淘宝一样，给拼多多足够的试错空间与时间。

IPO负面舆情一旦引爆，所有的解释都可能引来过度解读。

但如果善于利用IPO这一关键时刻，还能为形象管理加分。小米上市后，估值期望与现实产生了极大的落差。通常出现如此巨大的波动时，公司会陷入舆论风波，引来各个角度的解析与围殴，可小米并没有如此被动。关于它的估值泡沫，也主要是对它究竟是互联网公司还是硬件公司的合理质疑。

这与其之前做的IPO形象管理有密切关系。公司管理层在静默期不可以对外讨论运营、业绩或财务数据，但能分享对行业趋势的展望。5月3日，小米发招股书时，曾附有雷军署名的一封公开信，题为《小米是谁，小米为什么而奋斗》。打这种毫不掩饰的情怀牌是个险招，搞不好会显得虚伪。

好戏在第二天，五四青年节。这封信变成了文字版"冰桶挑战"，若干企业家都用"我是谁""为什么而奋斗"与雷军唱和,包括复星集团联合创始人郭广昌、真格基金创始人徐小平、拉卡拉创始人孙陶然等。

还有一家本来在 IPO 过程中很难稳住的公司居然稳住了,那就是美团。

其实美团的不利要素显而易见,它至今依然有亏损,对手很多,同时它还四面出击、不断踏入别人的领地。2017 年,它也一度被负面消息缠身,诸如传出了上市无望等传闻。而王兴又不像雷军那样擅长社交,是个耿直的人,"怼"起老股东阿里都不留情面。这样一家公司要上市,很容易遭遇群殴。

实际上,美团 IPO 的过程虽不能说零负面消息,但负面消息没有对其造成困扰,甚至对王兴个人与美团的形象还都产生了正向迭代。

如果说小米是在 IPO 过程中做了大量正向引导,美团则是做到了足够低调。低调是 IPO 这一关键时刻最好的形象管理,美团完成了一次缺乏形容词的 IPO。

美团点评于 2018 年 6 月 25 日正式递交上市申请,9 月 20 日正式挂牌交易,中间近三个月的时间,除了对招股说明书的解读外,审批、路演、聆讯、接受 IPO 认购等环节都没有成为大新闻,甚至连敲钟当日,也缺乏戏剧性的细节与激动人心的演讲。

说多错多,所以王兴与团队并未刻意用舆论造势,上市过程中也没有晒照片、玩初心,他只在 2018 年 3 月 4 日发了一条微博。即使是 6 月 25 日递交上市申请这个大日子,他在"自留地"饭否上也没有谈到上市,不过翻译了一首英文短诗:汝皆水手,航于双洋。大千世界,与汝心房。

美团 IPO 体量与声量不成正比,便主动调低了外界预期。确定价格区间是个敏感点，8 月底传出美团点评定价区间在 3 575 亿港币～4 290 亿港币（约合 455 亿美元~547 亿美元），每股定价区间为 60 港币~72 港币。虽然以此估值预期，美团可能成为 BAT^① 之外的第四大互联网公司，但这一信息并没有成为传播焦点。王兴本人其实并不愿意看到"第四大"这种标签，他很清楚这无异于将自己置于靶心。

招股说明书往往是最好的故事蓝本，后期 60% 以上关于 IPO 的解读，都会围绕招股说明书展开。相比很多公司，美团点评的招股书可谓干货很多，没有画饼、没有修饰，讲的都是已经被验证的逻辑。

此文件对美团点评复杂的业务收支构成进行了清晰的梳理，用数据展示了其在生活服务领域的潜力；同时，也详细披露了外界关心的衔枚疾行后美国点评的现金储备情况以及资金使用效率。

外界一直好奇的融资八轮之后王兴的持股比例，在招股说明书中也明确呈现。王兴通过持有 5.7 亿股 A 类股（投票权 1 票等于 10 票）成为控股股东，管理层对公司的控制力并未衰减。

招股说明书披露后，美团遇到的最多的质疑是亏损，其调整后净亏损约 28 亿元。2015 年至 2017 年三年间，按非国际财务报告准则计量，美团点评累积净亏损 141 亿元。

其实，在以机构投资者为主的市场中，受到常规正面信息或者负面信息的影响都不大，更关键的是要保证对外传播信息的一致性与真实性。

如果报道是针对公司招股说明书中披露的风险因素重新加工表述，则

---

① B= 百度（Baidu），A= 阿里（Alibaba）、T= 腾讯（Tencent），BAT 是中国三大互联网公司的首字母缩写。——编者注

不会引起波澜，但如果发生严重的质量或服务问题，或之前潜在的道德风险再次爆发，并有充分的细节佐证，报道内容就很容易超出财经范围，成为大众议题，引发市场情绪。

对美团会亏损多久、如何保持高增长率等方面的质疑都由来已久，换言之，在其 IPO 中，仍以评论为主，缺乏增量信息补充，对普通用户并未产生影响。远有京东、近有小米，海外有亚马逊的例子，这些都表明，亏损并不会对投资人的判断构成太大的困扰，关键是看亏损后产生了什么。

所谓静水流深，如果只为 IPO 这一关键时刻提供一个建议，就是要足够低调。

不过，让自己沉默容易，让别人忽略就很难。欲戴皇冠，必承其重，IPO 如同创业者制造的一场台风，自己要坐在风眼，不管风动还是幡动，就是不能心动。要做到足够低调，需要团队在上市前后做大量的沟通工作。

另外两个 IPO 过程中表现很"稳"的案例，是神州专车与乐信。前者与美团类似，上市时也有强敌环伺；后者与趣店的发家史有部分类似情节，而且是在趣店上市之后不久 IPO，很容易再次挑动敏感神经，但它们都做到了风平浪静，这都与前期团队在形象方面做的疏导、排雷和议题设置相关。

— 与投资人接触 —

你或许听过这个故事，2004 年，刚刚创立 Facebook 的扎克伯格引起了红杉资本的注意，并约他见面。

但是扎克伯格根本就没有考虑接受红杉资本的投资，他当时与肖恩·帕克（Sean Parker）联合创业，两人还是好友。帕克曾成立一家名为 Plaxo 的初创企业，获得过红杉资本的投资，不过双方最后闹翻了，他怂恿扎克伯格将这次会面变成一场闹剧。

这个恶作剧分为三个部分：第一，扎克伯格将会面时间定在八点，然后故意迟到；第二，不仅迟到还要穿睡衣过去；第三，穿着睡衣展示主题为"你不应投资我的十大理由"的 PPT，其中包括"我们没有营收""音乐行业可能会起诉我们""我们穿睡衣来到你的办公室，而且还迟到""因为肖恩·帕克也参与了""我们之所以过来是因为红杉资本一位合伙人让我们来"。

可以想象，红杉资本作为风投之王，从来没有受过这样的侮辱。扎克伯格最终没有拿红杉的投资，不过依然取得了巨大成功。

类似这种戏剧化的融资举动，你在媒体报道、影视故事中还能看到很多。如马云怎样用 6 分钟说服孙正义、拿到 2000 万美元投资，戴威第一次和金沙江创投的朱啸虎见面时，还不知道对方是谁。但是，如果你认为这是创业者与投资人交手的常态，那就太幼稚了，何况这些场景本身都被夸大了。

其实到 2010 年，扎克伯格开始为自己曾经的轻狂举动感到后悔。他对《Facebook 效应》（*The Facebook Effect*）一书的作者大卫·柯克帕特里克（David Kirkpatrick）提到："我觉得，我们当时确实惹恼了他们，现在我对此感到非常抱歉。"

与资本接触是件严肃的事。投资人判断项目有一些刚性的标准，如商业模式是否抓住了用户需求，是否有能力互补的合伙人，履历是否漂亮等。但也有一些软性标准，如经常说的"看人"，这就是对形象的感性认识。公认的"可以投资的人"通常要具备领军者气质，既要志存高远又要脚踏实地，还要有战略能力和学习能力等，但这是一大堆形容词，如何将其应用于判断？还要从具体形象入手。

多数投资会对之前交往不多的创业者进行 360 度的检验。此刻创业者的表现既不能卑微又不能高傲，或许不用西装领带，也要保持干净整洁。如果不是口才出众，至少在对方提问时能第一时间给出他们需要的信息，不要拐弯抹角，更不能答非所问。

你所忽略的一些形象表现，都有可能影响融资进展。

王兴曾和我分享过这样一个故事。2005 年 12 月 12 日，他的校内网正式发布，最初也没想到去融资。一周之后的上午十点左右，因为前一天休息得很晚，此刻他还在睡觉，忽然被一个电话吵醒，对方说是红杉的，请他们去聊一下。他和几个创始人下午就去了，没有准备 BP[①]，就临时手写了一份，去的路上还丢在出租车里了，只好等到红杉之后要了一张纸重新手写。就在他们在会议室内等红杉的投资人时，中间突然进来一个人，探着头打量了他们一会儿，一句话没说就走了。王兴觉得这个人看起来有点眼熟，但也没打招呼。

这个人就是周鸿祎。在周鸿祎那里，我听到了故事的另一个版本。那

---

① BP，商业计划书（Business Plan）。——编者注

天他刚好去红杉中国开会，沈南鹏和他说："隔壁有几个做校园网络的创业者，你去看一看怎么样。"于是他推开了隔壁办公室的门，一个戴着眼镜、学生打扮的年轻人对他出奇冷淡，这个年轻人就是王兴。周鸿祎用"眼睛几乎长到天花板上"来形容当时的王兴，他告诉红杉资本，这个团队自视甚高，不接地气，根本不像是来融资的。

红杉资本后来没有投资校内，而是在周鸿祎的建议下，投资了校内网的竞争对手——占座网。这后来被证明是一个双输选择：占座网最后惨败，校内网也卖给了陈一舟的千橡。周鸿祎在这次投资决策中扮演的角色究竟有多重要，难以判断，但彼时王兴给他留下的印象是傲慢无礼，而他给王兴留下的印象是自以为是。

为了判断一个创业者是否值得投资，很多投资人会参与创业者的生活，与创业者一起出差，观察创业者开车的习惯，与创业者的家人或合伙人一起吃饭等。

好未来创始人张邦鑫就是一位有魄力的投资人，他有一套经过检验的投资逻辑。他曾告诉我，自己会翻看潜在投资对象的朋友圈，如果出现了以下三种情况，他就不会投资。

朋友圈里常发风花雪月的内容，与工作相关的内容很少或没有。这种人太注重生活品质，难以承受一定的压力。

朋友圈中都是鸡汤文，或者只转发，从来不评论。这种人缺乏深度思考的能力，不能处理复杂问题。

将朋友圈设置为仅三天可见。这种人心态不够开放，难以做"老大"。

对于张邦鑫这套朋友圈逻辑，不同投资者或许有不同看法，在此需要提醒的是，当你与投资人接触时，所有的表演都很容易被戳穿，你的形象早写在了自己的生活轨迹里。

— 参加论坛 —

企业家、创业者常会收到各种商业论坛的邀请，这是树立形象的好机会。

要将每一次公开亮相作为与用户的邂逅，但要提前做好筛选，并非所有的论坛都值得参加，一个人的形象价值与其曝光频率成反比，参加了不该出现的活动，反而是减分行为。

选择值得参加的论坛的标准很简单：首先看背景，看主办机构是否有足够的影响力；再看历史，比如已经办了多少届，每次效果如何，听众属于哪个群体；了解一下嘉宾名单，对哪些嘉宾也会参加做到心中有数。

一些需要付费做演讲的论坛通常层次较低，没有参与价值。

在论坛上通常有两种发言形式，一种是单独演讲，另一种是多人对话。论坛不是独角戏，给每个人的时间都不会太长，要确保自己有值得分享的观点，并专注于传播这个观点。商业论坛上，流畅而幽默的风格会成为加分项，最关键的还是能否展现商业洞察力。一个失败的论坛形象，就是拿着发言稿照本宣科，或者把论坛变成自己的产品推介会。

多人对话中，每人会有两次到四次发言机会。得体的方式是既要让听众在几个嘉宾中记住你，又不能表现欲太强，令同台嘉宾感到尴尬。我主持过国内多个主要商业论坛，讨论环节，有两种发言者容易引起听众反感：如果你说的都是陈词滥调或正确而无用的废话，听众多半会昏昏欲睡；如果你自己讲得开心，但时间过长，大量占用了其他嘉宾的时间，那你说得再精彩也会显得尴尬。

需要特别注意的是，论坛是开放性公众环境，不要为了抓住听众，列举与大众价值冲突的例子，特别是涉及种族、地域、性别等方面的歧视性论调。即使你并无恶意，但经过断章取义，也会给你的形象造成巨大伤害。

俞敏洪老师的演讲水平是大师级水平，但也因言论不当造成了巨大的负面影响。

2018 年 11 月 18 日，在一个名为学习力大会的论坛上，俞敏洪发言的主题是衡量和评价的方向决定了教育的方向，就像女生挑选男生的标准决定了这个国家男人的方向。"中国男人就是要他赚钱，至于说他良心好不好我不管，那所有的中国男人都会变成良心不好但是赚钱很多的男人，这正是现代中国女生的挑选男人的标准"。并由此得出结论："现在中国是因为女性的堕落，导致了整个国家的堕落。"

公开场合此言一出，再也难以收回，并立刻在社交媒体上发酵。

不到 24 小时，俞敏洪温文尔雅的好男人形象几乎全面颠覆，他受到了从自媒体、新媒体平台到主流媒体的轮番轰炸。

当日晚间，俞敏洪在微博中道歉，后又专程来到中华全国妇女联合会，向广大女同胞诚恳道歉。

如果完整看完俞敏洪当日演讲，会发现他并没有不尊重女性的意思。而熟悉俞敏洪的人也都了解，俞有谦谦君子之风，创业多年依然保持着理想主义与浪漫主义，并非不尊重女性的人。这次不管是口误还是未能准确表达，终归是一失足跌入危险水域，也获得了一个大教训。

— 饭局 —

饭局也能成为关键时刻。不要小看吃饭，它对形象建立和破坏的影响甚至会超过论坛。

乌镇互联网大会上的饭局，已成了符号。从 2014 年第一届乌镇世界互联网大会开始，吸引眼球的不是论坛，而是白天峰会结束后由互联网大佬组织的各种私密饭局。饭局的最早发起者是丁磊，随后有多人效仿，本来是无心插柳，后来渐渐具备了符号意义。

饭局上聊什么天，吃什么菜，谁没有被邀请，谁排在什么座次，都会成为第二天的头条，饭局已经成了互联网江湖的权力隐喻。

2017 年，王兴和刘强东组织了一场"东兴饭局"，这场马化腾在主位的饭局，号称"召集了中国互联网界的半壁江山"，但独缺马云。

马云在接受新浪科技专访时回应："我没想过参加不参加，反正也没人邀请我，当然，邀请我我也不一定有时间。我觉得来了就应该多做些其他的事情，要关心来了乌镇你表达了什么信号，你学到了什么、分享了什么最重要。""我要组个饭局，都是世界顶级的，但有什么意义呢？"

或许是为了证明"我要组个饭局，都是世界顶级的"，他还真在 2018 年 1 月 24 日达沃斯世界经济论坛上组了一个顶级盛宴。宴请的嘉宾包括一位国王、两位王后、一位总统、三位现任总理和首相、三位国际组织负责人，以及比尔·盖茨等多位顶级商业领袖，他还登场表演了自学的魔术。

对他这种级别的企业家而言，其他方面的形象已不重要，可饭局上的面子，该争还是要争的。

饭局有时还暗藏杀机。酒酣面热之际，容易言行失当，在当前传播语境中，所有私密的交流也可能成为公共事件，饭局可不仅是两三好友，围炉小酌。

饭局上令人瞠目结舌的事件曾多次发生。2018 年 11 月中旬，一则某公司高管下跪的视频在网上疯传。

职场霸凌并不新鲜，但让高管当众下跪，还是很令人惊讶的。

该公司随后发布了官方声明，称这是一场险恶有预谋的饭局，是鸿门宴。

但不管真相如何，双方都承认这与酒后失德相关。这次饭局上发生的事将该公司内部管理上的问题暴露无遗。可见饭局凶险，不要酒后失德。

— 发布产品 —

发布会不仅仅是展示新产品。自乔布斯开始，发布会已变成一个秀场，特别是在手机领域。雷军、罗永浩、周鸿祎、贾跃亭、余承东等都在乔布斯的基础上做了演绎：以硕大的 LED 屏为背景，通过精心设计的 PPT，创始人进行一场商业脱口秀。

可想而知，这对企业家而言是极大的挑战——主角不仅是产品，还有自己。对糟糕的演讲者而言，稍有不慎搞砸的就不只是一场发布会，还有自己的形象。为了不把发布会变成车祸现场，做再详细的准备也不为过。

乔布斯虽然是极富魅力的表达大师，但依然对发布会的细节有苛刻的追求。在《成为乔布斯》一书中，作者布伦特·施兰德（Brent Schlender）就详细描述了乔布斯是怎样准备一场发布会的。

乔布斯通常会提前数月准备自己的新品发布会以及其他一些公关场合的出席安排，并会对此进行事无巨细的预演。我曾有一次花了一整天时间看到他针对一场发布会展开了数次彩排，并对包括演讲稿色调、聚光灯角度以及为了更好的演讲节奏而调整了 PPT 顺序这些细节进行了微调。如果其中出现某些技术问题的话，乔布斯会变得非常恼火。那天，由于对现场灯布置的不满，乔布斯曾手托着腮帮子在台上坐了整整 15 分钟。虽然那次他没有像从前那样大发雷霆，但现场几乎所有人都在等着乔布斯冷静下来。与此同时，在前往发布会举办地进行彩排前，乔布斯也会打电话给我或者史蒂芬·列维（Steven Levy，《连线》杂志特约科技撰稿人）商量自己会在发布会上使用到的一些隐喻或者语句，而这有可能是在真正发布会召开前数周的事情。

乔布斯去世之后，留给继任者蒂姆·库克最大的挑战或许还不是怎样延续产品的传奇，而是继续让果粉享受苹果的发布会。最初，库克并未适应驾驭这个舞台，他用了两年的时间才找到自己的风格。

为了在发布会上留下深刻印象，创业者会使用一些小技巧。2018 年 3 月 21 日，猎豹移动公司在水立方举行了一场机器人发布会，CEO 傅盛在演讲中讲到过去两年自己遇到的挫折，他说他在很多个醉酒的晚上想过一些问题：是不是一定要迎难而上？是不是应该像别人那样把公司在美国退市回国内上市？

然后现场开始放埃隆·马斯克的一段采访视频，当视频定格在马斯克这句话上——"我不知道什么叫放弃，除非我被困住或死去"时，他做了一个所有人意料之外的动作：纵身跳进了游泳池，游了一百米。

几乎所有人都站起来拍照。

他换装后气喘吁吁地说："游泳这个环节，是我们内部讨论了很久后还是决定要保留的。我的泳姿很不好看，很业余，因为我大学的时候还不会游泳。当时我一个同学告诉我，放弃恐惧，就会游起来，然后我就顿悟并会游泳了。"

你或许觉得这个设计太做作了，但当所有观众都站起来拍照发朋友圈时，设计这个动作的人就赢了。

当然，有时大家都站起来拍照，也可能是因为一个尴尬的错误。

2016 年 3 月 1 日，同样在水立方，vivo 准备发布一款全新旗舰机型 Xplay 5。为了突出 Xplay 5 "行云流水"的顺畅感觉，舞台特意搭建在水立方泳池上方。但万万没想到，在发布会即将结束时，vivo 创始人、总裁兼首席执行官沈炜登台后不小心掉入水中，衣衫湿透。当天，主持人何炅体现出了他强大的专业能力，机智地说"遇水则发"，不过，第二天此事依然成为头条。

即使准备得再充分，发布会依然可能出现黑天鹅：PPT 播放不出来，PPT 有错字，时间拖得太久，甚至主讲人迟到。并不是每个人都具备救场的能力，对演讲者而言，最应该记住的是三个字：不要慌。宁可全场陷入沉默，也不要随口乱说。

1995 年 4 月，比尔·盖茨在 CNN 上向观众展示 Windows 98 的预览版，他的同事往电脑上插了一个扫描仪以演示 Windows 98 自动安装驱动的特性，然而，电脑死机蓝屏了。

比尔·盖茨不动声色地说："嗯，这就是为什么我们现在还没正式发售 Windows 98。"

在发布会上展示产品功能是一个冒险动作，需要反复测试。2012 年，在 Surface 平板电脑的发布会上，微软重蹈覆辙，Windows 业务负责人史蒂文·辛诺夫斯基（Steven Sinofsky）手上的 Surface 平板又死机了。他的内心也算强大，依然一边解说一边期待它复活，可时间过去了 20 多秒，机器还是一点反应也没有，他只好换一台备用的 Surface 来解说。

有一种发布会中的错误，一旦发生就如同 2018 年 11 月的加州大火，根本难以扑灭，这种错误就是我们在前文中所谈到的口不择言，挑战大众价值，歧视某一群体。

2018 年，意大利时装品牌杜嘉班纳（Dolce & Gabbana）原定 11 月 21 日晚间 9 时在上海举办 "The Great Show" 时装秀，品牌方仅舞台搭建就花了超过 400 万元。没想到事故并非发生在活动上，而是发生在预热过程中。

杜嘉班纳为这次时装秀特意拍摄了一则广告，名字叫《起筷吃饭》。广告将中国传统文化与意大利饮食结合，视频中一位亚裔面孔的模特动作夸张，表情漠然，旁白的发音刻意模仿中文，别扭而傲慢。

有人认为这则视频隐含歧视中国传统文化的意味，一位网名为 @michaelatranov 的网友在 Instagram 上询问杜嘉班纳联合创始人兼创意总监斯蒂芬诺·嘉班纳（Stefano Gabbana），最终引发了一场骂战。

杜嘉班纳因为这场失败的"发布会"预热，在中国市场损失惨重，具有讽刺意义的是，活动本意是为了"更好地向中国艺术和文化致敬"。

在这一方面，共享经济先锋 Airbnb 处理得就很好。它号称要创造一个"每个人都有归属感的地方"。但不可回避的难题就是美国的种族歧视，其后台数据显示，如果预订者的名字看上去像黑人，那预订的成功率将会下降 16%。

Airbnb 为此采用了机器学习模型等大量相关技术工具，以此来加强其反歧视政策的力度，同时它要求所有使用者都必须遵守公司更强硬、更详细的反歧视协议，并向所有 Airbnb 雇员提供反歧视培训等。尽管作为一个双边平台，它不可能消除所有歧视现象，因为相比让别人搭乘自己的汽车，大部分人会对让别人睡在自己家有更多的要求，但 Airbnb 已做得足够好，这为它的形象市值大大加分，它被公认为一家值得尊敬的公司。

第 12 章

用好访谈的每一分钟

与媒体接触是形象管理关键时刻中的关键，需要单独分析。

2005 年大学毕业后，我成了一位财经记者。进入办公室的第一天，就看到凌乱的工位，烟雾缭绕的会议室，大吼大叫的编辑，一启动就死机的电脑。若干年后，办公环境越来越整洁而职业化，但我永远记得那种混乱中的活力，并为自己的职业选择而自豪。

创业者的形象管理离不开与媒体打交道，这已超出了普通的媒介关系维护，是个难解的命题。有的人处理起来得心应手，他们不仅在媒体界有很多朋友，而且善于驾驭话题，进退得当，这类人顺风时支持者众，过坎时也少有人踩。而有的人却力不从心，要么过于谨慎，要么过于高调，接受访谈时不知所云，出现问题只能被动应对。

从另一个角度看，传媒业是过去十年中变革最剧烈的行业。从传播载体到表达方式，传统的新闻编辑室几乎全盘颠覆。平台大融合重塑了行业，算法推荐、数据可视化、机器人写稿、短视频、用户裂变等新技术与新运营策略提供了变革工具，从盈利模式到管理模式都面临改变，新闻专业主义与人格化表达产生冲突，作品思维与用户思维激烈对撞。

在变革的洪流中，从业者也难免有着兴奋、焦虑与浮躁的情绪。本书并非讲传媒业，主要分析大格局的变化，以及传媒业与形象管理相关的部分。你需要了解旧世界的下沉与新世界的上升，站在对方的角度思考媒介在关心什么，才有可能形成良性互动。

一 向死而生 一

在全链条重构的背景下，依然有一些短视的创业者或企业家，完全从自我需求出发，将媒体视为工具，甚至将之视为毒蛇猛兽，从而犯下致命错误。这可以体现在他们给公关部定下的 KPI 上：要么受到点击量的蛊惑，用"10W+"这种简单粗暴的指标来评判工作，要么还陷旧思维中，出现一点批评的声音就如临大敌。

翻转的世界

每年都会出现若干报刊停刊的消息，这加重了传媒业的焦虑，也坚定了全行业加快转型的决心。新媒体时代，传统传媒业所受的冲击主要来自三个方向。

首先是收入模式再造。传统媒体主要收入来源是广告，另有部分来自会议活动。但广告收益自 2012 年之后呈断崖式下跌，2014 年中国传统媒体广告出现全行业负增长，这也成为全球性趋势。

2017 年，美国电视广告销售额下降至 618 亿美元，下降 37.8%，为 20 年来最大幅度的衰退，有线电视网络的广告销售额也出现近十年来的首次下滑。传媒业最现实的转型挑战是如何调整商业模式，这也意味着要用高度市场化的方式来推动变革。

这是一条各显神通的转型之路，因为之前根本没有可借鉴的成功经验。尝试的方向主要包括新媒体广告营销，为原来的广告主提供整合营销方案。媒体与知识付费有着天然的接近属性。《中国企业家》杂志前总编辑牛文文创立的创业黑马已经在 2017 年 8 月上市，是创业教育的第一品牌。由此可见，培训项目也成为财经媒体的延展方向之一。

电商是一种普遍选择。早在 2014 年，《新京报》《京华时报》等 12 家报纸就与阿里合作推出"码上淘"业务，用户可以通过扫描报纸、杂志上的二维码来购买商品。而财新网则开设了"财新微店"，经营图书、鲜花以及会议培训线上报名等业务。钱江晚报旗下的电商平台"钱报有礼"，发力移动电商与本地生活 O2O，业务包括健康直购、生鲜配送、旅游电商等。还有人走投资路线，如浙报传媒 2012 年斥资 34.9 亿元收购了杭州边锋与上海浩方两家游戏公司，这一板块三年内累计获得 10 亿元净利润，此后浙报逐步构建起数字娱乐产业链。

传媒经营转型，主要基于沉淀的影响力与流量，甚至有些平台的业务拓展方向与媒体已无关系，如办驾校、经营城市燃气等，这一过程荆棘多于鲜花，不少媒体交了大量学费。它们往往会陷入资源幻觉，高估用户的忠诚度。到 2016 年之后，一些媒体才逐渐意识到原来大部分用户仅仅属于"资讯订阅型"，并不能指哪儿打哪儿。

冲击的另一个方向是技术融合。2012 年，《纽约时报》刊发了一篇特写《雪崩：特纳尔溪事故》，引起业界震动，这是一次颠覆性的呈现。打开网页，呈现在眼前的首先是全屏循环播放的积雪滚落下山坡的视频，然后在叙事中又将文字、电子图表、动画、音频、数字化模型、卫星联动等方式结合在一起。

此报道获得了普利策新闻特稿奖，该奖的评审委员会在颁奖词中写道："《雪崩》对遇难者经历的记叙和对灾难的科学解释使事件呼之欲出，灵活的多媒体元素的运用更使报道如虎添翼。"它被视为技术手段与传统新闻报道融合的开端。

同样在 2012 年，微信推出微信公众平台，新媒体迅速成燎原之火，主流媒体都建立了自己的新媒体矩阵。

到 2019 年年初，大数据与人工智能、无人机等新技术手段都已在新闻业有了成熟案例。人民日报打造"中央厨房"，建立了统一编辑制作与指挥调度中心，根据报纸、网站、微博、微信、App 等平台的不同传播特点，优化资源配置；新华社智云媒体大脑对视频内容素材剪辑 6 秒即可完成；2014 年 7 月，美联社开始使用该公司的 WordSmith 软件批量生产财经新闻，在此之前，美联社每季度仅出产约 300 篇财报新闻，现在，不知疲倦的机器人每季度可出产 4 400 篇；到 2015 年 3 月，机器人记者功能再次升级，可以使用自动化编辑器扩大算法范围、传感器搜集实时数据等。

这成为自古登堡发明活字印刷机以来，技术对传媒业的最大冲击。过去的内容生产流程和机制、岗位都发生了变化，如"中央厨房"下设可视化、内容定制、统筹推广三个团队，这都是传统媒体过去未设的岗位，而视觉编辑、数据分析师、产品运营等岗位，也成了新标配。

第三个冲击来自呈现渠道多元化。我曾经让同事整理一篇文章可投放的新媒体平台，发现较为主流平台就有 23 个，包括知乎、简书、雪球等。如果是"视频 + 文字"的形式，可选择的平台则更多，每个平台都有不同特性，投放时需要对同样的内容进行再次加工。

渠道多元化对内容生产者的挑战之一是叙事方式要更加接地气。在可选择的渠道中，既专业又"说人话"的总是最受欢迎。许多高高在上的传统媒体都放下了身段，如《人民日报》可谓高大上、严肃媒体的代表，但其新媒体却展现出不同面貌。其新媒体中心频频推出爆款产品，仅 2018 年两会期间，# 中国很赞 # 微博话题量达 11.2 亿，《中国一分钟》系列宣传片总播放量超 3.5 亿，其连续策划推送的《与你密切相关！ 2018 年中国要干 60 件大事》《小明关心的十件小事，政府工作报告都回应了》等报道，总浏览量超 3 亿。

2014 年，《人民日报》（海外版）5 个 30 岁左右的年轻编辑记者意识到移动互联网时代传统媒体所面临的挑战，自发调研，共同署名，向海外版编委会递交了一份《关于海外版向移动互联网转型的调研报告》。这份报告引起了领导重视，微信大号"侠客岛"由此诞生，上线之初就一鸣惊人，用两年半时间吸粉 60 多万，80% 的用户具有本科以上学历。它能将枯燥的时政新闻说得幽默透彻，更难得的是保持了大胆、犀利的风格。

除《人民日报》外，还涌现出了"国资小新"等一批有浓重官方媒体背景，又有庞大用户群体和高粉丝忠诚度的政务、财经新媒体。它们人格化，爱卖萌，爱时尚，成为议题设置中的重要角色。

所谓万物皆媒，敏感的企业与企业家已抓住这些变化趋势，摆脱对传统渠道的依赖，自己的形象自己负责。

海尔集团新媒体运营为其品牌形象带来的正面价值，数亿广告费都换不来。它并不是企业传声筒，更像深夜可以和你聊天的老朋友。它画风俏皮，天天搞事情，并且反向影响产业链，产生了冷宫冰箱、手持洗衣机等一系列产品；它怼过王健林、董明珠，力压"官微霸主"杜蕾斯，还号称"80万蓝V（企业官方账号）总教头"，建立了蓝V联盟。

一些有公众影响力的企业家开设了自己的社交媒体账号，如俞敏洪、冯仑、周鸿祎、潘石屹、陈春花等，虽然更新频率全看心情，但难得的是账号上发布的内容主要由本人创作。这拉近了他们与用户的距离，并且拥有了自己的阵地。连比尔·盖茨也在2017年3月开通了微信公众号，第一条内容是30秒的视频推送，虽然视频仅是用中英两种语言向微信网友送问候，但阅读量还是在六小时内就突破了10W+。

在此背景下，出现了一个新变化，即产业新风口出现后，往往会先投资相关媒体，而在一家公司的高速发展期，需要面对更复杂的媒体环境。

瑞幸咖啡是2018年崛起的一家独角兽公司，截止到目前，它在全国布局了2 073家门店，积累了1 254万名用户，销售了8 968万杯咖啡。B轮完成了2亿美元的融资，公司估值达到了22亿美元。对快消品公司而言，这是火箭般的成长速度。

但是，从2019年1月5日开始，媒体上突然出现了一系列内容与标题都大同小异的报道，基本都是"瑞幸咖啡亏损8个亿，会不会是下一个

ofo""瑞幸咖啡亏损 8 个亿，补贴还能走多远""口味欠佳"之类。

互联网公司早期，以亏损换规模是常见手法，瑞幸咖啡与共享单车不在同一条赛道，更缺乏可比性。当然，媒体应该保持独立思考的能力并坚持客观批评的原则，质疑瑞幸的增长并无不妥，但如此整齐划一的围攻，商业逻辑混乱，且能找到很明显的组稿、拼凑痕迹，其内部认为遭到了舆论狙击。瑞幸在 2019 年上半年正谋求上市，如果负面消息影响了其形象市值，也会对其真实市值形成冲击。

在这样的新媒体环境下，为了维护创始人和公司的形象，成熟的企业通常会有一支"导弹部队"，一支"防化部队"。前者会主动出击，建立形象堡垒，后者防止从舆论上遭到化学武器般的打击。

不变的传统

看起来，在传媒领域，似乎一切都在改变。过去的修辞训练、叙事方法、编辑流程也都成了古董，不过在经历了自媒体的第一轮冲击之后，从 2017 年上半年开始，部分传统新闻价值观获得重估。

没有传统的媒体人，只有传统的媒体，优秀的媒体人会完成基因进化，在坚守与创新中摸索到最佳平衡点，而这些操作手法，对于形象塑造和毁灭都至关重要。

回归的传统之一，是坚持一线采访，创造足够的信息增量。

自媒体在兴起之后，因为缺乏受保护、够权威的采访机会，出现了大量以素材整理和评论为主的内容产品。很多人忽略了，评论是比访谈更难写的文章，需要了解商业逻辑，具备有关公司治理、财务、战略等一系列专业知识，才能剥茧抽丝，评价一家公司。

自媒体兴起之初，曾出现大量从业者翻炒传统媒体采访内容的情况，大量口水文与标题党盛行，但到了2018年，采访的意义已再次充分显现，前沿的技术手段成为获得一线信息的新武器，而并非替代品。

2018年11月26日有报道称，南方科技大学生物系副教授贺建奎宣布，一对名为露露和娜娜的基因编辑婴儿于11月在中国健康诞生，而这对双胞胎的一个基因经过修改，使她们出生后便能天然抵抗艾滋病。

这是世界首例基因编辑婴儿，基因手术修改的是CCR5基因（HIV病毒入侵机体细胞的主要辅助受体之一）。消息一出，因为基因编辑所涉及的伦理问题，这一事件引发了巨大争议。基因编辑是理解门槛较高的科学话题，并非仅靠感性的批评就能够释惑。网易新闻《了不起的中国制造》第一时间专访了清华大学医学院教授、清华大学全球健康及传染病研究中心与艾滋病综合研究中心主任张林琦，张从专业角度解释了为什么对健康胚胎进行编辑不理智，而且不道德。《第一财经》的调查又发现，实验始于2017年3月，签名的七个委员中，有人表示不知情，称没签过字。

虽然与贺建奎相关的人员都迅速跟他撇清了关系，但贺建奎同样获得了表达观点的机会。11月28日，他参加了在香港举行的第二届国际人类基因组编辑峰会，并做出了回应。他对自己的实验感到骄傲，并认为自己是在挽救生命。而接下来对贺建奎的系列报道，还原了贺建奎34岁的人生与学术历程，并披露了整个事件从立项到操作，以及最终发布的时间、地点、方式如何经过缜密的安排等内涵。

类似例子不胜枚举，可以看出，虽然机构媒体未必再是第一个扣动扳机的人，但依然需要在它们的求索之下才能完成真相拼图。

怪物史莱克有句名言：洋葱有层次，妖怪也有层次，万事万物都有层次。著名编剧、导演、小说家许荣哲先生非常喜欢这句话，他觉得，如果不能看出层次，史莱克永远只是一只丑陋的怪物，如果能看出层次，那么怪物就有很多种可能：一个值得信任的好朋友、值得相守一辈子的好情人……

一线采访就是"剥洋葱"的过程，将裹得紧致而辛辣的洋葱打开是个技术活。过去往往由一家媒体或几家媒体来完成"剥洋葱"的任务，如今则是各种渠道、不同媒体与自媒体"众包"完成。

同时，深度报道再次受到重视。2012 年前后，曾有一股风潮认为要配合新媒体的传播特点，文章最好短小精悍，每篇文章不要超过 3000 字，不过，如今长报道的价值再次获得珍视，一些自媒体甚至只生产 6000 字以上的长报道。

深度报道是新闻业中的奢侈品，而时效性并非特写的敌人。近两年来，在宝万股权之战、乐视沉浮、共享单车战争、区块链狂热等重要商业事件中，都出现了大量优秀的商业特写。它们平均操作时间相较于 PC 互联网时代大为缩短，并从单兵作战向团队集结作战转变，能迅速整合、梳理事态变化，确定切入角度和呈现方式。

一些具备强大流量的平台也开始扶持深度报道的创作者，如今日头条的金字节奖，腾讯新闻"致敬深度"等，都用奖金与流量的方式，来激励创业者创作优秀的深度报道。这让媒体人在旧的激励体系之外获得新的尊重与收获。

最值得珍视的是传统新闻价值观的回归。经过平台规则完善、监管变化，与创作者自律，到2017年下半年，媒体融合早期出现的部分乱象逐渐消失，沉淀下来的新闻专业主义精神再次焕发出光芒，如对职业操守的坚持，对文字的尊重，对真相的求索等。

著名记者皮特·哈米尔把新闻业称为"上帝的职业"。因为"没有其他的工作能不断地提醒它的从业者，对人类的善、恶和愚蠢的能力以及人类无尽的弱点予以关注"。哥伦比亚大学新闻学院教授、普利策奖获得者塞缪尔·G. 弗里德曼（Samuel G. Freedman）在他所著的《媒体的真相》一书中写道，作为新闻记者，探究的都是人性周期表，每个生命，不管是著名的还是无名的，都包含了基本的感情：爱或者恨，雄心或者懒惰，愉快或者失望，需要深入挖掘来发现它们。他认为："没有激情、好奇心、独立精神和社会使命感，就没有报道，就不能走出自己的小天地，进入冲突和喧嚣的真实世界。"

和每个行业一样，媒体从业人员中也存在良莠不齐的情况，但总体而言，这还是一个有逻辑思考能力与理想主义色彩的群体。曾经有一些流传颇广的文章，如缅怀调查报道的黄金时代之类，笔调伤感，但一代人有一代人的机会，只要这个世界还需要对复杂性问题的探究，对真相的好奇，沉淀下来的新闻价值观就不会消逝。

— 如何通过访谈树立形象 —

媒介变革是个宏大、动态的话题，独立成书才能说清楚。在此我们不过呈现只鳞片爪，便于企业家在与媒体接触前对宏观背景有所了解。此章将详解与企业家形象打造最相关的关键时刻：访谈。

媒体会因哪些话题找到你

一个提醒：除了产品、财报发布或者重大事件需要公告或澄清，会邀请媒体参与外，需要尽量减少主动邀请媒体采访自己的次数。所谓"送上门的不是买卖"，如果你不在对方的选题单上，而是硬造出一个话题，平地抠饼，双方都会有些尴尬。

对主流财经媒体而言，确立选题通常遵循以下三个标准。

（1）在创造或毁灭价值方面突出的人与事

经营公司就是熵增与熵减的过程，在混乱和有序之间循环。并购重组、上市、融资等都属于创造价值，陷入法律纠纷、重大投资损失、产品事故等都属于毁灭价值。

（2）转折点

企业发展过程难免千回百转，战略抉择、多元化或重归主业、组织架构调整都是重大转折点，至暗时刻或高光时刻也是转折点。像创业之初，ofo 是继续深耕校园市场，还是进入城市？杨浩涌创建的赶集网是接受姚劲波创建的 58 同城的合并建议，还是继续血战到底？这些都是典型的转折点。

（3）大趋势

微观经济体也都是宏大叙事的一部分，即使趋势影响不会立刻显现，也会悄无声息地发挥作用。以 2018 年而言，中美贸易战、新零售、产业互联网、区块链、经济下行、改革开放四十周年、IPO 潮等都是主航道上的话题，没有人能活在趋势之外。

那么问题来了，从企业的角度看，形象管理体现在媒介沟通上是不想发声或不能发声时媒体最好忘记我，想发声或需要发声时媒体最好主动找到我。不过，如果你在选题单上，想让媒体忘记你很难，如果你不在选题单上，让媒体主动找到你，同样很难。

若希望引起媒体主动关注，有两种方法可以尝试。首先可从行业趋势着手，发表一些看法，进行议题设置。

没有人会记住泛泛而论，有洞察力、有高度的观点才能脱颖而出，最好对自己说的哪句话能提炼为标题进行提前规划。一些投资人，以深度思考能力强、善于归纳观点著称，你经常会听到他们类似的发言："总结 20 年投资经验，我们靠四个关键词抓住优秀企业""想让我投你，先做到这三点""每一个创业者都与生孤独"等，这种人设就颇受媒体欢迎。

另一种方法略为激进，即制造事件。商界与娱乐界截然不同，要拿捏好尺度，避免起到反面效果。

2018 年 5 月 15 日，瑞幸咖啡宣布将针对星巴克涉嫌垄断行为采取法律行动，包括向相关法院提起诉讼，以及向国家反垄断行政执法机构进行投诉等。外界对瑞幸此举看法不一，有人认为瑞幸作为新晋咖啡品牌，与全球行业龙头碰瓷，为的是提升品牌知名度；也有人觉得，瑞幸咖啡在迅速扩张中遭遇了星巴克的围剿，诉讼是不得已而为之的反击。不管其真实出发点如何，但它确实凭空创造了一个新闻热点，增加了曝光度。

这一策划其实有迹可循，瑞幸早期投资人之一陆正耀，是神州优车的创始人，而瑞幸创始人钱治亚之前也是神州优车的 COO。陆正耀本人虽然低调，神州系却长于事件营销。2015 年，神州专车推出了一系列名为"Beat U，我怕黑专车"的主题广告，炮轰对手 Uber，一时惹来争议无数，但同时其下载量骤增。此举动当时被指责为无底线营销，但 2018 年，共享出行发生多起恶性强奸杀人案，证明至少神州抓住"安全"这一个点打透的形象树立法还是直接有效的。

一个优秀的品牌团队，应该与主流媒体和意见领袖保持互动，能将公司与创始人形象策划的重点和媒体的关注点嫁接在一起，产生同频共振效应。

接受采访前应该准备什么

在职业生涯中，我见证过很多失败的访谈，它们通常只有一个原因：准备不充分。要么是采访者准备不充分，要么是被采访对象准备不充分。你可以选择不接受访谈，如果接受，务必认真对待每个细节。

访谈之前需要与媒体有一定沟通，掌握媒体背景，了解采访者写过什么文章、访谈主题等，特别是要看采访提纲，尽量要求采访者提供提纲。

采访者未必会将自己的真实意图呈现在提纲中，但从提纲中可以看出采访者对话题的思考深度，也可以倒逼其做更充分的准备。专业媒体都会秉承"要制成一双筷子，先要有两棵大树"的原则，即使只问到十个问题，也会准备二十几个问题的提纲。通过这些问题，受访者可以了解外界对自己的看法。

每家公司都会有敏感数据、决策或战略，媒体会遵循多元信源原则，通过不同信源的交叉情况，来确定信息的可信程度，受访者要对这样的问题有所准备，这要建立统一的口径。如果特别不希望提及某一点，需要提前沟通。

对于和采访主题有关的背景资料，可以整理好发给采访者，便于大家有的放矢。不同形式的访谈对现场环境与着装等有着不同的要求，接受单独采访与群访也需要做不同的准备，虽然这是 PR 部门的职责，但企业家自己也要提前了解。

有一个简单却不容易把握的环节会影响采访者对受访者的第一印象，就是尽量不要迟到，即使有突然插入的会议或其他事件，也不要对约好的访谈拖延太久。

2011 年，我去阿尔及利亚采访，当地人时间观念不强，例如两个人约好上午 9 点见，即便下午 2 点前见面都不算迟到。

有些国内企业家的时间观念更差。2010 年的一个夏天，我和一位同事去丽都饭店见一家影视公司的创始人。约好了下午 2 点见，我们 1 点半就到了，1 点 45 分时他也到了，我刚在心里给他点赞，他就说："你们到了哈，先等一会儿，我去开个小会。"说完，他便一头钻进会议室，我们坐在前台的沙发上喝茶。

茶不错，喝到第十泡还有点味儿。已经 5 点多了，他从办公室里出来，发现沙发上还有两个活人。他说："抱歉抱歉，我忘了还约了你们。"

我的同事曾去采访一位出行企业创始人，采访时间从上午 10 点，等到中午 12 点，然后又调到下午 3 点，最后拖到傍晚 5 点。地点从公司换到清华大学，又从清华大学换回公司。而我当年采访一位著名导演时，从约好的下午 2 点，一直等到晚上 9 点，他离开办公室时看到我还在门廊前的沙发上坐着，才想起原来还有访谈这件事。

类似情形，相信很多媒体人在职业生涯中都曾遭遇过。职业媒体人都应具备"死磕"精神，不会因为需要等待而放弃一个重要访谈，但彼此尊重是良好沟通的前提，不要在访谈开始前就给别人留下一个不靠谱的印象。

柳传志先生从来不迟到。不但不迟到，如果提前到得太早，他会在自己的车里多待一会儿，然后准时出现在现场，他担心早到会给主办方造成接待上的麻烦。

他为什么把准时这件事看得如此重要？因为柳传志一生的信条就是说到做到，连准时这种小事都无法做到，就不用托付大事了。

如何完成一次双方都有收获的采访

你在媒体上呈现出的最终形象，70% 都由采访过程决定。它往往并非宾主尽欢，更像思想对撞甚至唇枪舌剑——你要拥抱而不是抗拒这种感觉，通常记者职业水准越高，压力才会越大。偶尔在访谈结束后，受访者收获会比采访者还大，因为在对方的追问中，你会不断逼自己思考已忽略，或者不愿意面对的问题。

只要看一些名记者的传记，就会知道他们有多难"对付"。被称为"这个时代最伟大的记者之一"的意大利女记者奥莉娅娜·法拉奇（Oriana Fallaci），以不谄媚奉承、敢于用硬朗犀利的方式向最老练的政治领袖们提问，甚至无理逼问著称。《纽约客》则将之总结为："法拉奇的采访手法是故意让人不安。她接触每一位采访对象时，都精心研究如何刺激、挑战对方。同时她善于使用欧洲存在主义理念，经常以死亡、同情等话题让采访对象放下警戒。这一切展示了她在新闻采访这一行当的超群智慧。"

了解法拉奇的职业生涯，可以帮助企业家理解一件重要的事：职业媒体人并不是你的复录机。虽然在新媒体时代，法拉奇式的记者并不多见，但你依然需要足够重视坐在对面的那个人。

接受采访时，既不要紧张，也不要轻慢，最好的节奏是保持像朋友间谈话那样的自然感。但需要特别提醒的是，这并非真的好友间的私密对话。除非你将之视为一种策略，以便于你引起采访者对接下来所谈内容的重视，否则不要说"这一部分咱们只是私下聊聊，千万不要写出去"这样的话。你需要知道，采访是职务行为，他们有权力呈现访谈的全部内容。如果确实存在需要匿名提供的信息，则需要对方做出明确承诺。

尽量减少对一个缺乏事实性信息的问题展开长篇大论，特别是自吹自擂。记者可能仅是出于礼貌没有打断你，有些话你自己讲得很"嗨"，但最终一个字都不会发出来。

特别是开场的几个问题，它们往往是营造氛围和破冰用的，不要纠缠太多。有经验的采访者会牢牢咬紧目标，将话题绕回核心，而缺乏经验的采访者则会让你的天马行空带走，偏离了采访目标，最终浪费双方的时间。

媒体喜欢有细节的故事，而不是干巴巴的道理。当听到"此刻你的压力有多大"这样的问题时，形象大师不会回答"特别大，晚上睡不着觉"，而会说："晚上入睡时，虽然是秋天，已比较凉爽，但汗还是把被褥都浸湿了，但我又不敢让太太感觉到，于是偷偷起床把被子掀开一半，希望能够晾干。"（这也是我自己的亲身经历。）

TFBOYS 中的易烊千玺，他的一个形象特点是孝顺。他虽年轻，但在访谈中善于通过故事细节来让形象更丰满。他曾说，印象中只有两次哭得最厉害，一次是小学三年级左右，妈妈把他赶到家门口，让他哭够了再回家。大约过了 5 分钟，邻居出来想让千玺到自己家先睡一晚，然后妈妈立刻出了门，把千玺带回了家。其实妈妈一直在猫眼看他，目的就是让他认识到自己的错误。

在访谈中，你会遇到不方便回答，甚至有些冒犯的问题，有时候这些问题真实存在，但有时也可能是采访者的小技巧，用截取的片段、流言或者扭曲事实来刺激你做出反应。此刻需要保持风度，你可以用事实反驳，可以直截了当地回答，也可以曲线绕过，但不要用谎言来掩盖。

如果能用幽默的方式来回应，则段位更高。在这方面，明星和政治家因为"久经考验"，表现得比企业家群体更富急智。

黄渤的长相一直是个梗，有次，牙尖嘴利的小 S 取笑他"长得很特殊"，如果是别人可能会生气，但黄渤却回答："一开始长得还蛮婉约的，后来就变得抽象了。"

2019 年 1 月 17 日，任正非罕见地接受了主流媒体采访，这也是因为华为遇到了一系列"外部噪音"，任正非需要直面一些难以回答的问题，例如怎样应对多国安全审查，美国市场大门紧闭怎么办，华为在 5G 中有怎样的机会等。

任在这次访谈中，展现了他善用类比，以及用宏大叙事来化解挑战的技巧。

　　记者：我记得 2014 年第一次采访您的时候，您说"华为有什么神秘的？揭开面纱就是皱纹"，印象特别深刻。现在 5 年过去了，您觉得华为的面纱真正揭开了吗？现在国际上质疑的声音好像更多了。

　　任正非：那就是皱纹更多了。因为半径越大，问题越多。如果我们缩到小小的一点，像农民种地一样，只有土豆这么大，外界都看清了，那谁也不会质疑。半径越大，越看不清，未来 10~20 年之后的探索我们更加看不清，所以大家的质疑会多一些，但是质疑并不等于有多大问题。另外，质疑也是有价值的，科学家天生就喜欢怀疑，要不他们怎么会发现新东西呢？他不相信，就会有新发现，所以质疑本身也是前进过程中必然伴随的副产品。

采访结束之后的沟通

当你和采访者握手道别，并不意味着沟通就此结束，公司负责 PR 的同事还有很多工作要做。

主流媒体通常拒绝给采访对象看稿，如果你希望看一下稿件，应该在采访之前就与对方充分沟通，也可以作为接受采访的契约。同时对方要沟通清楚，说明只是核对事实，不会修改观点，因为有些术语和内容比较专业，核查准确性对双方都有益处。

要了解，几乎所有文字工作者都格外珍惜自己的文字，对文章提出大量修改意见，等于逼着公司 PR 部门的同事去别人的篱笆里撒尿。

此刻你需要了解，从媒体角度来看，什么是好报道，标准其实很简单。

- 好看——能吸引眼球，在第一时间抓住用户
- 重大——所提供的故事、讨论的话题要能切中时脉与要害
- 有用——能让用户思索或引用

在新媒体时代，还有其他可参考的数据指标，如是否独家、点击率与转发率、传播轨迹和平台等。

为了达到这样的标准，在写作过程中会有相应的理念与报道手段配合，主要遵循以下几点。

- 前提——每篇报道的唯一出发点，是用户喜欢而非报道对象满意

- 趋势性——提前三五个月看到商界重大趋势，提前介入与操作，进行议题设置

- 贴标签——发掘商业事迹、人物所蕴含的商业主题，寻找背负重大商业命题的代表性人物。而非就事论事，浅尝辄止，首先要给用户一个理由读你

- 商业与人性结合——经典的报道通常是两者的结合。既能看出商业逻辑，亦是人性的镜子，而好故事要穿上人性的外衣

- 主角与旁证，调查性——一切报道要求尽量见到商业事件的主角，但见到主角只是报道的必要条件而非充分条件，同样需要第三方 / 竞争者的旁证

- 关键数字——找到并抓住代表不同类型商业题材的关键指标 / 数字，增强专业性

- 经典场景下的人物选择——还原核心人物做出重大商业选择时的经典场景

从此角度出发，你的同事就会了解在采访结束后应该帮媒体做什么，即为了生产出一篇出色的报道，你还能为补充内容做什么事。

报道发布之后，如果确实对自己树立形象有帮助，可安排几轮不同渠道的推广，这也是新媒体时代的特性，但注意不要在二次传播中断章取义或擅自修改。

2015 年，我所就职的媒体曾与某知名公司发生了一次重大冲突。因为

对方将我们记者的一篇专访进行了二十余处改动,甚至在删掉了作者的名字和文章出处后进行传播。我们知晓后迅速发出声明,然后又有多家媒体跟进谴责。这本来是一次双赢的报道,但企业形象反而因此遭受了损失。

— 警惕与媒体接触时最毁形象的五个细节 —

优秀企业家都相信细节决定成败,在形象管理中也如此。需要提醒的是,不要花费了大量时间、精力接受访谈,却因为小细节推倒多米诺骨牌。

以下案例均来自过去十年我个人的观察与体验。

名片

有一次,我太太收拾桌子,找出一盒我的旧名片。她生活中是个特别"矫情"的人,容不得一点没用的杂物,而关于"没用"的定义,她拥有最终解释权。例如一件我很喜欢的汗衫,她觉得"没用",等我回家就变成了抹布。但这盒名片让她犯了难,名片上的电话号码和邮箱早就作废了,扔了吧,上面有我的名字,和垃圾放在一起好像不合适,直接烧了吧,把名字火化掉好像更不合适,她想啊想啊,到现在还在纠结。

就这么简单的道理,很多企业家并不明白。

2006 年,我在湖北参加钢铁行业的一次会议,遇见了某钢铁公司董事长，他正参与当时的铁矿石谈判。我一脸恭敬地过去换名片，他用两根手指夹过来，都没有认真看一眼，顺手放进裤兜，说："我没带名片，回头给你发个短信吧。"

好吧，人家毕竟把名片惠存了，万一真想起来了呢？

过了一会儿他就起身离开了，当他走过垃圾桶的时候，顺手抛出一张小纸片，还好他扔得不准，我捡起一看，上面印的是我的名字。

你觉得这是最不堪的一次？错了。

我遇到过当着对方的面把名片搓成一团的，还有用别人的名片去剔指甲缝里的泥的……我们用铜版覆亚膜的纸印名片是方便你剔指甲的？

用最善意的理解来看，这些手上的小动作都是下意识行为，从心理学的角度看，童年没有安全感的人，手上就总需要把玩东西。

2012年，我遇到了娃哈哈集团董事长宗庆后。我递上名片，老爷子顺手放进裤兜，说："我没带名片，回头按你名片的地址寄一张吧。"

我心里说："又是回头。"

两周后，我收到一个快件，轻飘飘的，撕开一看，里面落下一张名片，上面写着：宗庆后。

名片不是普通的印刷品，它印着一个人出生后获得的第一份礼物——名字。你自己可以不用名片，可以在名片上不印任何联系方式，但不要随意践踏别人的名字。

至少也不要当面践踏。

IP如果不能在意别人的在意，就不能获得同等的尊重。

见面与离开

看一个人情商如何，可以观察他和陌生人见面与离开的瞬间。

初次见面难免生疏与尴尬，但不能失了礼数，不管你多盼着客人离开，都不要写在脸上。

2012 年，我去拜访某互联网公司负责人，我走进他办公室时，秘书先敲了一下门，他抬了一下头，对着沙发说：坐坐坐。接下来的 15 分钟，他一直在打电话，处理邮件，间或批了两个文件。

互联网公司节奏快，能理解。

还有特别热情的，好像夏天里的一把火。

进门就先拍你肩膀，列举一堆你领导的名字，问候他们全家，无非在暗示"我与你老大很熟，咱们彼此之间的关系不对等"。

离开时，就算不送客人到门口，总也要绕过桌子吧，不绕过办公桌，总要离开椅子吧，但地心引力对每个人还真不是一样大。我真见过那些在椅子上微微一欠身，说句"我就不远送了哈"的人。

冯仑常讲起拜访李嘉诚的经历。

没见面之前，大家心里都会有情景假定，当时他就想：见李先生相当于见领导，可能第一，见不到大哥，先见到椅子、沙发；第二，伟大的人来了，我们发名片人家不会发名片；第三，人家跟你握手，然后你站着听讲话，就像被接见；最后，吃饭肯定有主桌，大哥在那坐一下，吃两筷子说忙，先走了。

结果这次见面完全颠覆了他的想法。

电梯刚一开，长江顶楼，70多岁的大哥站着跟他们握手；一见面，大哥主动发名片，发名片时还递过来一个盘子，盘子里有号，拿名片顺便抓个号，这个号决定你吃饭的时候坐哪桌，避免到时候这些人为谁坐1号桌，谁坐2号桌心里有想法；后来才知道，照相也根据这个号，抽到哪个号就站哪。

结束之后李嘉诚没先走，逐一跟大家握手，在场的每个人都要握到，墙角站着一个服务员，大哥专门跑到那儿和他握手。

打造IP没那么复杂，其实就是在行走坐卧之间都做到得体。

下属与"朋友"

企业家总有下属，一个人在陌生人面前对待自己下属的方式，是反映他人性的镜子。

某次拜访杭州一位企业家，我们在外面散步，一阵风吹来，我本来就是光头倒无所谓，但他的头发被吹乱了，有那么一小缕，垂到了眼前。

就在这一刻，他的一位总监（注意，不是助理）抢步上前，从口袋里掏出一把小梳子，小心翼翼地开始给他梳头发。那位总监神态专注，像在做一件精致的手艺活，他则泰然自若，看来双方日常配合惯了。

我不禁想，是不是他的近万名员工，每个人兜里都装了一把梳子？若非如此，怎能发型永远不乱呢？

还有一位互联网界"老炮儿"，脾气也像炮仗一样。我们好好聊着天，他突然就骂起正旁听的下属来：某某，你做的方案简直像狗屎一样，狗屎还有味道，你的方案连点臭味都没有，还不赶紧拿来让何老师指导一下。

在这盘"狗屎"端上来之前，我找了个理由落荒而逃。

企业家关起门来管理铁腕，或者霸道强悍，倒不算缺点，只不过总在外人面前骂"内人"，总让人觉得不得体。

另一面镜子，是"朋友"。

一位女企业家，接受访谈时总喜欢谈到自己的朋友们，整理她的采访录音，就是一部"当代名人录"。

"上周和马云在他杭州的家里吃饭的时候，他说……"

"那天给广昌打了电话……"

"上次在三亚，Pony（马化腾）说……"

"小扎（扎克伯格）不是来了嘛，在硅谷也没见到他，这次总要挤时间吃个饭。"

其实，越是小商人越有这样的毛病，仿佛微信好友里有全世界的名人，嘴里面随便跳出个名字都能进富豪榜前 100 名，自己的位置总需要以别人为坐标系……这样只是充分暴露了自己的不自信。

只有一个人当着我的面与下属发火，我反而觉得很可爱。

2015 年 4 月的一天，倒春寒，我与同事和海底捞董事长张勇一起去参观海底捞北京市大兴物流中心。在门口，张勇看到两名站岗的保安在寒风中瑟瑟发抖，向他敬礼。他脸沉下来，走进会议室的第一件事就是把主管叫过来质问："这么冷的天，干嘛让人家挨冻，敬这没有意义的礼？让他们进屋里去待着，再装两个暖气，花不了多少钱嘛。"

我们听着他训下属，有点尴尬，但他可不是做戏，遇到类似问题，他随时都会发作。

君子慎独，形象不是仅表演给外面人看的。

电梯与办公室

最能看出一个人品性的封闭空间，是电梯与办公室。

宁波某公司拥有一栋 15 层的楼，董事长办公室在 12 层。他下楼时，若电梯是从顶层 15 楼下来的，秘书就会把电梯里从 15 层下来的人清空，让他独享一部电梯。从 12 层到 1 层，一共也用不了 60 秒，但他不愿意与员工共处这 1 分钟。

有些公司还会给董事长设专梯。去拜访某家电公司时，看到其他电梯门前排成长队，董事长专梯前空空荡荡。

很多人在办公室待的时间比在家长，办公室每一个细节，都会泄露自己的品位与习惯。

怎样装饰办公室是每个人的自由，就算把窗玻璃都用金箔包起来，养一泳池风水鱼，摆上十几洞的室内高尔夫，挂满和各国政要的合影，也都属于个人风格。真正会令来访者感到别扭的，是椅子的高度和桌子的宽度。

去拜访某制造业 CEO，他站着和我差不多高，坐下之后，立刻他显得像姚明，我像霍比特人，仔细一看，他坐在大班高脚椅上，调的高度让他几乎脚不沾地，而办公室里其他椅子都调成了固定高度，比他那把低了足足50 厘米。他坐着不但能鸟瞰窗外北四环的车流，还能俯视房间里所有的人。

除非你不想坐在桌子后面和人谈话，否则最好别用宽度超过 1.5 米的办公桌。两人之间隔着一个过宽的实物，会让客位一方觉得彼此距离像有半个篮球场远。

自从京东将总部由奥运村搬到亦庄之后，刘强东终于有了一个足够宽敞的办公室。他喜欢边思考边散步，办公室小了他活动不开。我目测他的新领地有 120 平方米以上，但置身其中不会觉得尴尬。他的办公室空旷，没有多余装饰，只在一角摆了个硕大的茶海和一圈沙发。聊天的时候，他就自己动手给客人泡茶，若有下属陪同，他就连下属的杯子也一起加满。

扎克伯格竟然连一间独立的办公室都没有，他和员工们一样，有自己的工位。他的办公桌上除了电脑还是电脑，一张海报就是他的装饰物，除此再无其他。

埃隆·马斯克虽然偶尔很出位，但也没有把办公室装饰得像太空舱一样。他的办公室面积很小，办公桌临窗而设，U 型台面则空出一大片办公区域。

股神巴菲特的办公室很小，只有 16 平方米，办公室里没有一台电脑，堆满了各种报纸、杂志。巴菲特曾说："我的工作是阅读。"他在这个小办公室工作了大半辈子，称它"简直是最完美的办公室。我很高兴将在这里度过我的余生。你知道，这个办公室就像我的家一样。"

真正的形象管理大师，不会总是想办法用金钱来换空间优越感，并将之作为炫耀的手段。

听与说的节奏

我的合伙人杨铄今先生的姥姥患老年痴呆多年，姥姥每天早晨都要给他讲同样的故事：1946 年四平保卫战，她和姥爷如何逃离国民党统治区。

是每天都讲一遍，而且只讲给他。

因为只有他不会像其他人一样总提醒这个故事讲过了。每一次，他都像第一次听一样专注："是啊，原来是这样啊。"间或配合动作，猛拍大腿："哎呀，那你们可怎么办呢？"

姥姥特别开心。

形象管理大师不仅自己要会表达，更要学会倾听。

说与听节奏混乱，恰恰是企业家最容易犯的错误。很简单，他在自己公司里说话占上风已经习惯了，在接受媒体访谈时也习惯如此。

某地产公司创始人，大脑可以与 Google AlphaGo 相媲美，你说上半句，他就知道你下半句要说什么。

更要命的是，他会先你一步说出来。

"你不就是想问某某某嘛？我直接告诉你吧。"

"你要说的不就是这件事……"

他有时完全沉浸在自己的逻辑里，滔滔不绝，离题万里。

我见过有人接受记者采访，他们是这么说的。

"某总，为什么你们刚发的年报出现了 3.2 亿元的亏损？是因为转型遇到困难了吗？"

"我们坚持产业报国的方向是不会变的，现在民营企业的生存环境不太好，民营企业没有动力，会牵扯多少纳税、就业问题呢……"

半个小时过去了。

"谢谢您，您说得特别好，其实我想问的是一个企业微观运行的问题，比如说去年的亏损。"

"提到亏损，其实可以说的蛮多。有的企业亏损了就要裁员，我们裁员了吗？没有。我们只是高管降薪了，我自己年薪只拿 1 块钱，你们可以多写写这个……"

半个小时又过去了，你可能再也不想和这个人见面了。

马云和俞敏洪都是企业家中极具表达天赋的，他们单独演讲 4 个小时都不会有任何磕绊。不过在面对面交流时，他们都特别会控制说话的节奏，绝不会漫无边际。他们听对方说话时很专注，能一下抓住关键，而且时刻观察听众的反应，不时会加一些互动的词和动作："你说呢""你说得很对"，诸如此类。

形象管理大师不是一个人滔滔不绝——只有身份焦虑的人才总怕自己说得不够多。

想一想

1. 除了本书列出的几种，你觉得还有哪些与形象管理相关的关键时刻？

2. 公司 IPO 之前，如果确实可能引发"原罪追溯"，应该提前做哪些准备？

3. 当你发现记者成文之后，并没有准确表达，甚至扭曲了你意思，而此时报道已经发布，你应该如何沟通？

致谢 Thank

　　某次，我与合伙人杨铄今老师聊天，谈到一个男人 35 岁之后的核心价值观是什么。之前我并未认真思考过这个问题，那天想了一下，脱口而出："广交天下豪杰，减少无效社交。"

　　其实我并不是特别外向、喜欢社交的人，如非必要，宁肯在家宅着读书、看剧。不过，我对聪明人展现出的形象特质与思维模式特别感兴趣。在一家财经媒体工作 11 年后，我自 2016 年六一儿童节投身创业，所从事的业务依然与交流相关。平均下来，几乎每年要与 300 多位企业家或创业者进行 10 分钟以上的谈话。

　　正常情况下，只要不是独处，一个人的行为和语言，都是为了在对方心中制造一个"形象"。2019 年 1 月，我在广州参加微信公开课，张小龙也讲到了这一点。他认为，从一个社交产品的角度理解来看，"沟通是把你自己的人设强加给对方的过程"。每个人都有自己的人设，也都希望别人能够接受，但你理解的人设和别人理解的人设是不同的，所以沟通就是为了让人理解你的人设、接受你的人设。沟通表面上是你在争论一个很理性的问题，但本质上它是希望别人接受你的人设的信号。

《形象市值》这本书，就是我对"天下豪杰"如何让"别人接受你的人设"的延展思考了。

感谢本书提到的所有企业家，我与其中多数都做过深度交流，他们的实践与思考才是本书的核心。

感谢智元微库团队，在他们的鼓励与"催逼"之下，我才能在紧张焦虑的创业战斗中，抽离自己，完成此书。他们给我提供了大量专业建议。我们数年前就是朋友，近几年各有际遇，兜兜转转，又因此书重逢。

特别感谢杨铄今、鲁靖，他们帮助我从一个媒体人变成了真正的创业者，是我最信任的兄弟。同样感谢李玉娜、王莎、王猛等各位战友，爱你们。

也感谢我的太太、女儿、父母及所有家人，你们都是我生命中的菩萨。

说话改变命运，沟通创造未来

学会《即兴演讲》，掌控人生每一个关键时刻

樊登作序推荐并解读，入选樊登读书2018年度十大好书

作者：[加] 朱迪思·汉弗莱　译者：垌清 王克平　ISBN：978-7-115-48382-9　定价：49.00元

领导者讲话脚本模版

- 抓　手：
- 要　点：
- 结构体：
  1.
  2.
  3.
- 呼吁行动：

《用事实说话》帮你八步实现透明化沟通

《纽约时报》畅销书，崔永元、樊登激赏推荐

作者：[美] 马克·墨菲　译者：吴奇志　ISBN：978-7-115-20379-3　定价：49.00元

- 了解到为什么忠言总是逆耳
- 掌握发现事实、聚焦事实的技巧
- 学会如何倾听、掌握谈话的要义
- 学会如何说别人才愿意听

《全脑演讲》，教你用左脑说服他人，用右脑打动他人

秋叶、柯洲、易仁永澄、杨旭诚意推荐，国际演讲协会中英演讲双料冠军的演讲秘籍

作者：大卫祁　ISBN：978-7-115-50869-0　定价：49.00元

- 了解什么是全脑思维
- 掌握全脑演讲六大能力：左脑概括力、结构力、论证力，
  右脑联想力、共情力、即兴力
- 学会七种场合运用方法：自我介绍、产品介绍、技术演讲、
  汇报工作、职场分享、竞聘演讲、领导演讲
- 掌握提高演讲表现力的技巧

提升绩效，成就自我

《势不可挡》的破局者的行动清单

蝉联15年汽车销冠联合34位成功企业家和教练，教你成为破局者

作者：[美]戴夫·安德森　译者：管然　ISBN：978-7-115-47992-1　定价：59.00元

- 早起，全天保持你的思维模式，睡前回顾、整理思绪。
- 坚持写感恩日记。
- 回顾你的愿景和其他目标。
- 聆听或观看励志的音像资料。
- 写下积极断言来更新你的思维。
- 冥想或听正能量音乐。
- 回顾每天的"必完成事项"。

这样做，你才能《工作不焦虑》

英国皇家心理学家30年研究成果，全球Top5领导力机构CCL推荐阅读

作者：[英]德里克·罗杰 [新西兰]尼克·皮特里　译者：武汝廉　ISBN：978-7-115-48050-7　定价：49.00元

STEP1	唤醒：联结你的感官
STEP2	专注：时刻关注当下
STEP1	超然：客观看待事物
STEP2	释放：放下负面情绪

学会这几招，就能实现《你的品牌，价值千万》

个人品牌专家20多年经验总结，姬十三、秋叶、杨旭、赵周、乔健联合推荐

作者：温迪　ISBN：978-7-115-48546-5　定价：49.00元

先人一步，制胜未来

通过《人工智能大冒险》，开启青少年AI启蒙之旅

微软人工智能工程师携手中科院人工智能博士倾情奉献

作者：智AI兄弟　ISBN：978-7-115-49638-6　定价：69.00元

2022年，智博士的好朋友AI侠突然毫无预兆地失踪了，智博士尝试了各种方式都联系不上。直到有一天，他收到一个快递，里面是一封信和一个按钮，好奇的智博士按下按钮，一阵儿茉莉花的香味袭来，他晕了过去……

以《大数据理论与工程实践》创造更好大数据应用

国际数据管理协会中国主席、世界银行前首席技术官胡本立作序推荐

作者：陆晟 刘振川 汪关盛 等　ISBN：978-7-115-49683-6　定价：59.00元

- 你将从书中学到以下方面的知识：

  数据存储

  计算资源

  计算模型

  大数据应用

  数据治理

  大数据与人工智能

用《金融科技》定义未来商业价值

光大证券执行总裁周健男、清华大学私募股权研究院副院长张扬推荐阅读

作者：[美] 小杰伊·D. 威尔逊　译者：王勇 段炼 等　ISBN：978-7-115-48341-6　定价：88.00元

- 了解特定金融科技领域的新趋势
- 利用金融科技为企业创造价值，提高机构的经营盈利能力
- 改进客户和产品的体验，并最终创造战略价值
- 对金融科技的角色进行合适的定位
- 寻求外部金融科技合作，挖掘有利可图的商业模式